영혼의 나이

영혼의 나이

공옥자 수필집

태학사

저 먼 곳을 향하여

이 지구에서 한 생을 산다는 것은 쉬운 일이 아니라는 데 동의하리라 믿는다. 소설 한 권쯤의 사연이 누구에게나 있을 것이다. 웃고 울며 살아낸 세월을 향해 미소를 보내도 좋은 나이를 감사하며, 지나간 시간의 무늬들을 엮어본다.

"삶 속에서 체득한 소재를 바탕으로, 만물의 본질에까지 깊이 사유하여 건져 올린 글이라야 문학성과 미학적 울림을 줄 수 있다"는 지도 교수님의 가르침은, 수필이 쉽게 접근할 수 있는 글이 아님을 뼈저리게 깨닫게 했다. 글공부를 할수록 자신감을 잃어갔다.

단 한 권의 책이라도 낼 수 있을지 언제나 막막하여 세월을 흘려보내던 차에 금년 봄에서야 제주 문인협회 고훈식 회장님의 권유를 받고서 문예진흥기금을 신청했다. 어쩌면 떠날 때가 가까이 오고 있으리란 예감일지도 모르겠다.

문학의 장르에서 홀대받고 있는 수필 세계를 높은 경지로 끌어 올려 찬란한 꿈을 꾸도록 열정을 기울이시는 안성수 교수님께 수필집을 내면서 먼저 감사의 마음이 가득하다.

도서관에 가지 않아도 될 만큼 온 집안을 양서로 가득 채운 남편의 서재에서, 독서의 갈증을 풀며 살았다. 나를 단련해 온 내 사랑하는 짝에게도 머리를 숙인다.

19세기에 영국의 워즈워드처럼, 노년에도 경이로움과 기쁨으로 내 혼을 고양시키고 찬탄으로 가슴 뛰게 하는 삼라만상과 내 목숨을 먹여 살린 수많은 생명에게 진 빚을 갚을 길이 없다.

책을 만드는 데 마음을 써주신 태학사 지현구 사장님을 비롯하여 편집부 여러분의 수고에 감사를 드린다. 무엇보다도 옛정을 잊지 않고 책의 뒷글을 써주신 현길언 교수님의 따뜻한 정성, 기쁘기 그지없다.

한 권의 책이 탄생하기 위하여 내 인생에도 먹구름 속에서 천둥 번개 치고, 봄부터 소쩍새가 울었을 것이다.

이 모든 감사를 가능케 하시는 창조주, 내 영혼의 지성소에 사랑의 촛불 하나 밝혀주신 하나님께 경배를 올리며…….

2016년 11월 공옥자

차례

2부_가장 비싼 선물

차례

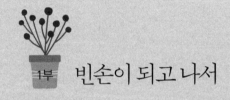

1부 빈손이 되고 나서

구도자의 향기

깊은 산 속 후미진 곳에 쓰러질 듯 어두운 집이려니 상상했는데, 안내된 곳은 앞이 탁 트여 호수를 끼고 멀리 엄엄한 산을 바라보는 언덕에 앉은 여염집, 스님 자신은 그곳을 토굴이라 했다. 토굴은 땅속이 아니라 수도하는 장소를 사(寺), 암자(庵子), 토굴(土窟)이라 분별했을 때 바위틈이나 흙 속에 은신하여 정진했던 옛 모습에 의미를 두어 그렇게 부른단다. 암자에 계신 스님을 뵙고 오자는 후배를 따라나선 길이었다. 서울에서 고속버스를 타고 충남 공주의 터미널에 도착해 보니 스님 한 분이 단정한 모습으로 기다리고 계셨다.

들어선 방 안엔 수제품 목조 책상 하나. 통나무 숯을 담은 옹기 수반 하나, 방석 두어 개, 작은 궤 위에 이불 두어 채 놓여 있었다. 이것만으로 살림은 부족한 게 없어 보였다. 순간 잡동사니 어지러운 내 삶이 부끄러웠다.

아직 알싸한 차가움이 몸속을 파고드는 사월의 초입, 스님이 아궁이에 불을 지펴 온돌은 절절 끓었다. 모두 초행이고 초면인데도 수행자의 맑은 기운이 구석구석 배어 있어 마음이 평안했다. 방 벽에는 200호짜리 묵화 한 점이 걸려 있어 화제는 자연스레 그림으로 옮겨졌다. 박대성 화백의 수묵화였다. 그림에 취해 시를 지었다며 스님은 스스럼없이 자작시를 낭송했다.

"미친바람 대숲을 뒤흔들고
구름 속 달은 빛을 토해 내어도
암자 안의 주인은 기척이 없고
개울 물 홀로 달빛 되어 흐르네."

그림 속의 대나무는 세찬 바람에 흔들리며 한 편으로 쏠려 있고 중천의 달조차 구름에 반쯤 가려 구겨져 보이는데 산속 암자 하나 적막하고, 집 앞을 흐르는 냇물이 바람에 밀리며 물인지 달빛인지 분별키 어려웠다. 생동감 넘치는 그림의 정경을 잘 짚어낸 시에 감탄하며 분위기가 무르익었다. 스님은 그림 값이 만만찮아서 외출할 적마다 혹시나 하는 염려로 마음이 불편하다며 그림을 바라보는 즐거움도 삼가야 하리라 했다. 화기 어린 이야기를 주고받는 중에 살고 있는 땅에 대한 말씀을 했다.

여러 해 전, 도반 한 분이 이 땅을 기증했는데, 땅값이 제법

올라 고맙게 여기던 차에 동네 유지 한 사람이 접근하여 친절하게 굴더니만, 땅을 담보로 잡고 은행에서 돈을 꾸어가고서 갚지 않아 골치가 아프단다. 골치 아픈 건 말뿐인지 얼굴빛 하나 변치 않고 장난기조차 비쳤다. 빚을 청산하려면 땅을 파는 수밖에 없다 해서 "저런 나쁜 사람도 있는가" 듣는 입에서 절로 험한 말이 튀어 나오자, 스님이 화들짝 놀라며 그러지 말라고 손사래 치는 바람에 한바탕 웃음이 터졌다. 욕을 해서 그의 죄가 작아지면 안 된다는 것이다. 욕을 한다고 정말 그 사람의 죄가 줄어들까만 공연한 일에 남을 비난하는 죄를 짓지 말라는 속뜻이겠거니 짐작했다.

때까치의 소란스런 울음소리에 잠이 깬 아침은 물안개가 가득하여 앞산의 웅혼한 모습을 가리고 있었으나 집 뒤에 창창한 대숲을 지나오는 청량한 기운이 상쾌하기 그지없었다. 지천으로 솟아나온 쑥을 뜯어다 국을 끓이고 머위 잎을 된장에 주물러 아침 공양을 마친 후, 앞산 속에 자리한 고찰을 돌며 그 깊은 정기에 흠뻑 취했다. 아름드리 벚나무에서는 꽃잎이 휘날려 눈인 듯 쌓였지만 뜰은 정갈하여 세속을 잊었다. 이곳저곳에 잘 자란 모란꽃 나무에는 꽃망울 이미 부풀어 만개할 오월의 어느 날을 꿈꾸며 서 있다. 가꾸어 보니 모란은 줄기가 부쩍부쩍 잘 자라는 꽃나무가 아니었다. 내 집 뜰에

십여 년 된 모란 한 포기가 아직 내려다보이는 키 높이에 멈춰 있다. 그 꽃의 아름다움이 어떠하기에 시인은 모란이 피기까지는 아직 봄이 아니라고 했을까. 천지가 생기로 가득 차오르는 장엄한 봄날에 봄의 절정을 열어 보이듯 피어나는 모란꽃 앞에서 누군들 잠시 넋이 나가지 않으리.

나 역시 모란을 향한 애모의 마음이 늘 간절한 사람이다. 모란은 풍만하되 요염하지 않고 화려하나 경박하지 않은 기품과 우아함이 드높아 가히 꽃 중의 여왕이라 불러도 손색이 없을 터이다.

모란이 피어날 때 다시 오자고 한 약속을 어기고 그때 동행했던 내 사랑하는 후배는 이미 이 세상 사람이 아니다. 그날 아침 설거지를 하며 남자 혼자 손닿지 않는 부엌 구석구석 숨겨진 때를 씻어 내느라 정성을 다하던 그녀 모습이 선연하여 눈가에 물이 고인다.

신원사 모란은 금년에도 꽃망울이 풍성하다는 소식을 들었다. 스님은 땅을 팔아 빚을 정리한 후 수행 정진에 몰입하기 위해 더욱 깊은 산속에 은거하시고, 돈을 갚지 않은 그 마을 유지는 중병에 걸려 사경이 지척인 때에 참회의 심정을 전해 왔다고 한다.

그날 절을 돌아보던 스님의 걸음은 태산인 듯 장중했고 말씀은 느리고 조용했으나 그 조용함이 오히려 깊은 울림으로 분위기를 제압하고 있었다.

　세상을 등진 후배와 절 마당에 잘 자란 모란과 스님의 모습은 아직도 내 마음에 남아 있다. 궁극의 진리를 향해 걷던 분의 향기 속에서.

몸, 그 감각의 지배

과원을 돌보며 종일 일을 하고 나면 몸이 녹초가 된다. 일꾼의 말은 "이럴 때는 술이 마누라보다 낫지요."

소주 한 잔 마시고 쓰러져 누우면 그대로 단잠에 든다는 것이다. 술을 못 마시는 사람이 피로를 푸는 최상의 방법은 목욕이다. 종일 흙 속에 묻혀 지내다가 뜨거운 물에 몸을 담그고 나서 먼지투성이 머리를 감아야 겨우 정신이 맑아 온다.

몸을 끌다시피 목욕탕에라도 가면 기진맥진하여 도우미를 청할 수밖에 없다. 그렇게 길이 들어 농사를 그만둔 후에도 종종 때 밀어 주는 여인의 손길을 빌리곤 한다. 단골이 된 아주머니는 능숙하고 섬세한 손길로 고루고루 때를 밀고 지압도 해주고 정성스럽게 마무리를 해준다. 끝날 때쯤은 몸이 가뿐하고 상쾌하다. 역사 속의 어느 왕비가 오늘 우리가 누리는 목욕의 호사스러움을 누려 보았을까. 목욕은 내게 유일한 호강이고 사치이다.

어쩌다 타지방으로 여행하게 되어, 그 고장의 낯선 여인에게 몸을 맡기면 내 단골 아주머니와 비교하는 재미가 있다. 사람마다 손놀림이 다르고 몸을 만지는 기술과 태도가, 열이면 열 모두 같지 않다. 느낌은 다르지만 각 사람의 특색을 즐길 수는 있다. 어쩐지 단골 아주머니를 두고 바람을 피우는 기분도 들어 그 순간 '아차, 이 맛에 남자들이' 하고 깨우친다. 손끝이 다른 여인들에게서 오는 쾌감의 차이! 여자인 나도 나쁘지 않은데 하물며 충동에 약한 남자들이야. 전혀 색다른 감각, 색다른 자극을 마다할까. 아무리 보아도 괜찮은 마누라를 두고 한눈을 파는 남자의 심사가 손에 잡혔다.

어찌 보면 지루하고 고달픈 일상에서 탈출의 원초적 욕망은 성일 것이다. 안타깝지만 이 욕망을 제어할 장치가 없다. 뼈를 깎는 구도의 정수를 뽑아 가르쳐 온 성현의 말씀으로도 인간은 온 세상을 끓게 만드는 이 욕망을 제어하지 못하고 날이 갈수록 점점 더 당당하게 성의 자유를 부르짖는다. 왜 이렇게 감각에 약한 인간인가.

생각해 보니, 산다는 것은 감각의 지배를 받는 일이다. 날마다 오감(五感)을 만족 시키려고 열심히 뛴다. 배가 고프거나 몸이 피곤하거나 통증을 느끼면 무엇보다 우선하여 몸의 신호에 복종해야만 한다. 눈으로는 끝도 없이 기이함을 찾고 귀로는 좋은 소리를 듣고 싶다. 입은 달콤해야 하고 코는 향긋해야 좋다. 촉각에 닿는 부드러움과 쾌감은 또 얼마나 황홀한가. 그 모든 감각의 정상에 성의 왕좌가 있다. 성은 감각이 줄 수 있는 쾌락의 극점일 것이다. 감각을 채우기 위해 전 생애가 소진되고 있음을 본다. 결국 나를 끌고 다닌 것은 몸의 감각이었다. 나는 육체의 제국에 갇혀 한 발짝도 밖으로 나설 수 없는 감각의 시녀다. 소아(小我)란 이 제국의 백성을 지칭하는 말이다. 감각에 지배당하지 않고 정신이 감각을 절제하여 다스리는 사람이 도대체 얼마나 될까.

"오호라 나는 곤고한 사람이로다. 누가 이 사망의 몸에서 나를 구해 낼 것인가." 생명을 걸고 복음을 전파했던 사도 바울, 그조차도 마음으로는 하나님의 법을 따르고자 하나 육체의 법이 자신을 사로잡는다고 탄식하고 있다.

하지만, 감각은 육체를 보호하려는 창조의 의도이자 생의 희열을 감득케 하는 신의 선물이다. 감각이 건재하여 육체가 질병을 알고, 쉽지 않은 생의 여정에서 기쁨에 목을 축이며 앞으로 나아갈 힘을 얻는다. 그런데도 감각은 구도자의 족쇄가 되어 영성의 비상을 끊임없이 방해한다! 선물이 재앙이 되는 이 아이러니……

육체의 한계가 분명하여 감각을 따라 사는 일이 고뇌일 것이다. 감각이 영혼의 올가미가 되는 이유가 무얼까. 도란 감각에서 자유로운 경지인가. 육체와 정신의 분리가 가능하기는 한가. 끝도 없이 자문하며 앉아 있자니 허리가 아프다. 허리가 아프다는 신호가 오자마자 길게 다리 펴며 누워버렸다. 감각의 극복이란 내게 아득한 주문이다. 나는 감각의 시녀로 살다가 가야 하는 한계 앞에서 길을 잃는다.

묘목을 기르며

마침 애조로가 뚫리며 농장 북쪽 백여 미터 지점에 6차선 도로 공사가 한창 진행되고 있었다. 방풍림 역할을 하던 칙칙한 삼나무를 베어 내고 장비를 불러 억새와 칡넝쿨로 뒤엉켜 발조차 들일 틈 없던 밭을 뒤엎었다. 경사면은 돋우고 둔덕은 허물어 반듯한 땅을 만드느라 전심전력을 다했다.

삼십 여년 밀감 농사를 짓던 땅은 손을 놓고 세월이 흘러 황야가 되어 가고 있었다. 빈 터로 두면 수고한 보람 없이 다시 손 쓸 수 없는 지경이 되고 말겠기에 늦은 봄에야 서둘러 관상목 천여 그루를 심었다. 심고 나서 가뭄이 들어 물 호수를 끌고 다니며 물 주느라 애를 먹었다. 열기가 더해 가는 초여름, 심긴 나무들은 목이 말라 비틀거리고 있었다.

생기를 회복하는 녀석들은 기특해서 더 주고, 시들거리는 놈에겐 살아나길 바라며 물을 더 부었다. 바로 그 순간에 '아,

이게 바로 하나님의 마음이구나' 퍼뜩 깨달았다. "상한 갈대도 꺾지 않고 꺼져가는 등불도 끄지 않으신다"는 말씀은 죽어가는 묘목을 살리려는 내 간절함이었다. 신의 자비가 계속되는 이유를 알 듯했다. 사람이 다시 창조의 의도대로 사는 날이 오게 될지 아득하지만 식물 한 포기조차도 살아나기를 비는 절절한 이 심정은 당신이 창조한 모든 생명에게 보내는 하나님의 자비와 닿아 있을 것이다.

그렇게 달포 넘게 가뭄과 씨름을 하고 나자 죽어 가던 나무 뿌리에서도 기적처럼 올라오는 새순을 발견했다. 되살아난 나무가 거의 반에 반을 넘었다. 보람이란 이런 것이야, 한숨 돌리며 지주대를 세워 주고 늦가을엔 조심조심 비료도 주었다. 여름, 가을, 겨울, 잘 견디고 해가 바뀌어 다시 여름, 제주도엔 다시 장마조차 실종이다. 폭염은 사정이 없고 비는 오지 않는다. 그러던 차에 어느 날, 번개 비 잠깐 한 줄기 쏟아지자 타들어 가던 여름작물들이 고개를 들었다. 몇 번이고 하늘을 올려다보며 감사했다. 예부터 농사는 하늘이 짓는다 했다. 하지만 오늘날은 사막도 옥토로 만드는 세상이다. 제주도는 해변으로 빠지는 물이 많아 우기에 쏟아지는 빗물을 가두는 사방 공사를 잘한다면 물 부족 사태는 없을 것이다. 아직 너무도 소극적인 물 관리 행정이 안타깝다.

일 탐으로 지치면 문득 끼고 있던 장갑 벗어던지고 서둘러

땀을 씻는다. 냉수의 찬 기운에 생기를 찾고 남쪽 창을 열어 한라산을 본다. 시시마다 산은 변신의 천재다. 오늘은 흰 구름 한 조각 머리에 얹고 고고한 자태가 의연하다.

불볕더위가 숨을 조이더니 처서 지나며 선들바람이 일고 비도 흡족할 만큼 내렸다. 제주도 여름 농사가 가까스로 위기를 넘긴 셈이다. 태풍이 없었던 덕에 참깨, 고추 농사는 풍작이란다. 묘목을 돌보며 쏟아부은 치열한 노역도 끝이 났다. "만물은 오고 와도 다 오지 않고, 가고 가도 다 가지 않는다"고 읊었던 화담 서경덕의 시를 생각하며 순간을 살다 가는 인생의 허허로움을 다시 본다.

빈손이 되고 나서

연기가 오르고 있는 잿더미에는 쭈그러진 가전제품 잔해와 하우스 철골만 앙상하게 남아 있었다. 한참 마을에서 외진 농장이라 멀리 불길 보고 신고한 사람 덕에 그나마 다른 곳으로 옮겨 번지지 않고 창고 하나 완전 연소로 진압이 된 것이다. 임시방편으로 얼기설기 걸쳐 놓은 규격 미달의 전선들이 뜨거운 여름 정오, 폭염으로 비닐하우스에 열이 찼을까. 안전점검을 하지 않은 내 무지와 어리석음이 불러온 화였다. 허물어져 가는 농장 관리사를 증축하기 위해 살림살이를 창고에 쌓아 두고, 침대 하나 놓아 숙식을 해결하고 있던 참이었다. 그 창고에서 불이 났다. '가지고 있다'고 생각했던 모든 것을 싹쓸이 잃어버렸다. 시내에 볼일이 있어 나갔다 돌아오니 이미 상황은 끝나 있었다. 119 소방차가 막 철수를 서두르고 있었다. 그때 수고하신 소방대원들께 고마웠던 마음을 아직까지도 지니고 산다.

그날은 외출복도 제대로 챙겨 입지 않아 허술한 평상복을 걸친 몸뚱이뿐, 숟가락 하나 건지지 못했다. 도저히 믿어지지 않는 화재의 현장을 보며 망연자실, 주저앉아 일어날 수가 없었다. 기력이 모조리 빠져나가며 허수아비가 되어 버렸다.

그 사이로 천만 뜻밖에 미묘한 해방감이 서늘하게 등줄기를 훑고 지나갔다. 이 판국에 난데없는 해방감이라니. 기이한 느낌 앞에 스스로 당혹스러웠다. 필요해서 두고 쓰던 물건들이 나를 소유했었나. 하기야 계단을 오르내리며 이사할 일이 난감하기는 했었다. 그 짐들이 모조리 없어져서 홀가분했을까. 빈손이 되고 나서 밀려오는 불가해한 이 감정을 달리 해석할 길이 없었다. 허공을 쳐다보며 홍소라도 터뜨리고 싶었다. 마음의 공황 상태, 눈물도 나오지 않았다.

"아 빈손이 되었구나."

알 수 없는, 이 허허로운 자유, 소망만으로는 얻을 수 없던 어떤 경지가 내 앞에 있었다. 어쩌면 눈을 뜨고서 죽음을 건너온 심정이 이럴까. 죽은 뒤 누군가 모아 태웠을 허접한 물건들을 미리 다 태워버린 홀가분함. 한동안 적멸의 어떤 순간을 건넜다.

한참만에야 현실을 직시한 의식 속으로 안울함이 밀려오고 가슴에 통증이 일었다. 과거가 몽땅 사라져 버린 것이다. 물질적 손실은 그렇다 치고 살아온 삶의 흔적을 깡그리 잃었다. 허망했다. 가진 게 별로 없었으니 엄청난 재정적 손실이랄 건 없지만, 몇 권인지 셀 수도 없이 쌓여 있던 책들, 사십여 년 써온 일기, 열두어 번의 이사에도 버리지 않고 간직했던 청춘의 연서, 생의 흔적을 들여다 볼 사진들, 무엇보다 어머니께서 물려주신 살림의 흔적을 모두 잃었다. 남편은 이 어이없는 상황을 겪으면서도 말이 없었다. 침묵이 말보다 더 큰 힘으로 사태를 가라앉혔다. 그의 침착한 태도가 힘이 되었다.

때가 여름이라 한데서도 견딜 만했고 당장 호구지책을 위해 필요한 몇 가지를 준비하고 나자 밤이 되었지만 잠이 오지 않았다. 그날따라 밤하늘이 왜 그리도 청명하던지. 지상에서 일어나는 어떤 일에도 태평한 하늘, 천지는 무심이라 미미한 생명들의 애환을 살피지는 않는다. 그것으로 그 운행은 질서가 정연할 뿐. 나도 모르게 깊은 숨을 토해 내고서 도인이 다 된 심정으로 중얼거렸다. "그래, 우리 모두, 어느 날엔가 빈손이 되어 떠날 게 아닌가! 누군가에게 권유할 수는 없지만 좋은 경험했어." 이미 잠든 그의 숨소리는 평화로웠다.

이제 돌이켜 보니 그 후로 십여 년, "화재 뒤끝은 길다"며 누군가 위로하던 말이 떠오른다. 우주의 어떤 힘이 그렇게 말하도록 지혜를 주신 것일까. 아무리 큰 공포도, 슬픔도 끝

이 있다. 그 불행이 지나갈 시간을 견디어 낼 마음의 힘만 있
다면.

사람은 잔인하다

육식동물의 포악함을 잔인하다고 보는 사람도 있을 것이다. 짐승들의 생존 방식임을 받아들이지만 먹히는 동물 편에 서면 안타까운 마음이 드는 걸 어쩔 수 없다. 하지만 동물은 배고프지 않으면 사냥하지 않을 뿐 아니라, 비축을 위해서 먹잇감을 대량으로 죽이지는 않는다는 점에서 인간의 잔인성이 두드러질 수밖에 없다. 누구의 발상인지는 모르나 야만인과 문명인의 대화가 가슴을 서늘하게 했었다.

"야, 아무리 그래도 어떻게 인간이 인간을 잡아먹을 수 있었니?"

"그래 우린 굶주려서 그랬지만 너희는 먹지도 않을 사람을 그렇게나 많이 죽이는 이유가 뭐냐?"

척추 마디가 잘못되어 허벅지 다리로 전기가 지나가듯 저리는 고통을 느낀다고 호소했더니, 의사가 잠들 때 허리에 받침대를 놓으라고 일러주었다. 의사의 말대로 했는데, 그 일도 쉽지 않아 얼마 없어 받침을 치우고 싶었다. 안 하던 짓이라 금방 불편해진 것이다. 이만한 일도 못 하면 어찌 병을 고치겠어. 중얼거리며 재도전하지만 성과가 신통치 않았다. 그 순간 어느 드라마 장면이 떠올랐다. 얼굴만 내놓고 목에다 커다란 나무토막을 걸고 줄줄이 앉아 있는 죄인들 모습이다. 그들이 밤이면 얼마나 괴로웠을까 생각이 미치자 참으로 잔인한 짓이구나 하는 느낌이 강렬하게 왔다.

서구 여행길에 중세 시대에 사형에 쓰인 여러 철제 도구들, 목을 자르거나 고문하던 형틀 같은 것을 보며 소름이 돋았다. 이 지구상에 인간처럼 잔인한 종족이 있을까 싶었다. 말 네 마리에 사지를 묶어 갈기갈기 찢어 죽였다는 능지처참을 비롯한 사형 제도의 처참함을 익히 알고 있지만 자기가 당하는 일이 아니라서 무심히 지나친다. 인간이 인간에게 가하는 형벌이 가혹했다는 걸 모르는 사람이 없다. 목을 베고, 태우고, 껍질을 벗기고. 눈을 파고, 성기와 코를 잘랐다. 역사는 정의의 이름으로 무고한 사람들도 형틀의 제물로 만들었다. 한 개인이 사람을 죽이면 살인자가 되어 중형을 받지만 사회 지도자가 국가 수호라는 명목으로 적국인을 수만 명씩 죽이면 영웅이 되어 찬양받았다. 지금은 인간의 손에 핵이 놓여 전 지구적 파멸을 불러올지도 모르는 위험한 시대를 살고 있다.

　사람들은 무심히 폭력적 장면을 보며 쾌감을 느끼고 있는 동안, 자신은 아무 잘못도 없다고 생각하지만 엄밀히 말해 흉포한 사회로 가는 공범자이다. 영화나 드라마, 소설 속에는 끔찍한 폭력이 난무하고 테러며 살육이 춤을 추지만 누구 하나 말리는 사람이 없다. 그 장면들이 청소년들 뇌리에 입력되어 유사 범죄가 일어나고 사회가 날로 흉포해져도 그 심각성을 외면한다. 예술이라는 이름으로 범람하는 폭력과 잔인성을 어떻게 치유하고 정화해 가야 할지 난감하다.

　평화나 행복을 모두 바라지만 우리의 선택이 전쟁과 분노, 복수나 살상이라면 어떻게 평화나 안녕이 올 것인가. 그리하여 먼 훗날 우주에 정거장을 만들고 행성을 탐사했던 21세기도 야만의 시대였다고 기록되리라.

소금

　친구 몇이서 일탈을 꿈꾸며 호텔에서 하룻밤을 지내기로 했다. 우아한 저녁 식사를 끝내고 입 속 청소를 하려고 했더니 치약이 없어 식당에 내려가 소금을 조금 얻어 왔다. 굵은 주방 소금을 잘게 갈아 짭짤한 맛을 즐기며 일을 끝냈다. 뒷맛이 개운하다. 치약이 귀하던 어린 날에 소금을 사용했던 기억이 새로웠다.

　소금이 흔해져서 홀대 받기 시작한 것은 근세의 일이다. 중세까지는 소금이 귀중한 교역의 일등 품목이었다고 한다. 소금이 국운을 좌우하던 시대가 있었다니 믿기지 않는 일이다. 한참 인기를 끌던 사극 「주몽」에서 소금을 확보하기 위해 암투를 벌이는 장면이 나온다. 소금의 가치가 새삼스러웠다.

　지난 동구라파 여행길에 폴란드의 소금광산을 보았다. 그 어마어마한 작업 현장에 놀랐다. 소금을 채취하기 위해 얼마나 많은 사람들의 희생이 있었는지 실감할 수 있었다. 마크 쿨란스키의 저서『소금 세계사를 바꾸다』에는 재미있는 소금 이야기로 가득하다. 고대 로마에서는 병사의 봉급을 소금으로 지급하고 지중해 국가들이 소금을 화폐로 썼다고 한다. 소금의 부패방지 기능을 이용하여 비로소 치즈와 햄과 베이컨을 만든 인류는 먼 곳으로 여행하며 교역을 했고 지배층은 소금 유통을 통제함으로써 권력과 돈을 쥘 수 있었다는 것이다. 중국도 만리장성을 쌓는 비용을 소금에서 충당했다고 한다. 프랑스 루이 14세 시절에는 소금에 과도한 세금을 붙인 탓에 백성들의 소금 밀수가 성행하여 매년 삼천여 명이 체포되고 사형까지 당했다니, 상상이 가지 않는 일들이 역사를 장식하고 있었다.

소금의 본성은 따뜻하고 그 속의 미네랄은 골격과 체액의 균형을 유지하는 효능을 지녔다. 발효나 절임음식이 많은 우리나라에서는 소금 섭취가 한계치를 넘는다는 지적이 있고 어떤 질병에는 소금을 금기시하기도 하지만, 목숨 있는 모든 것이 소금을 필요로 한다. 동물은 물론 식물에도 소금기가 있다. 높은 산에서 사는 산양들이 해안가에 내려오는 이유는 바닷물이 파도쳐 바위에 말라 있는 소금을 핥기 위해서이다. 맹수들이 기다리고 있는 곳으로 내려와 생명을 걸고 소금을 먹어야만 하는 그들의 절박함이 안쓰럽게 보였다.

소금의 쓰임새가 궁금하여 인터넷 검색창을 열었다. 도자기의 광택을 내고, 염색의 촉매제나 폭약 제조에도 쓰인다고 기록되어 있었다.

류시화의 「소금」이란 시를 읽었다.

소금이

바다의 상처라는 걸

아는 사람은 많지 않다

소금이

바다의 아픔이라는 걸

아는 사람은 많지 않다

세상의 모든 식탁 위에서

흰 눈처럼 소금이 떨어져 내릴 때

그것이 바다의 눈물이라는 걸

아는 사람은 많지 않다

그 눈물이 있어

이 세상 모든 것이

맛을 낸다는 것을

— 류시화, 「소금」, 『외눈박이 물고기의 사랑』(무소의뿔, 2016)

소금이 바다의 상처며, 아픔이며, 눈물이라니……. 잠시 생각에 잠긴다. 소금 채취가 어쩌면 바다를 상처 내는 일일까. 소금이 우리에게 어떤 의미일지 예술적 감각으로 형상화해 낸 시인의 예지가 놀랍다. 바다가 우리에게 주는 선물이 비단 소금만은 아니지만 바다를 모성으로 인식하여 아픔과 눈물로 보내준 소금을 떠올려 본다. 소리 없이 녹아, 생존하는 모든 곳에 도움이 되라 당부했을 바다의 사랑이, 파도 소리에 섞여 들리는 듯하다.

빛과 소금은 소재가 전혀 다르고 그 기능조차 근접이 안 되는데도 자기 소멸이라는 점에서 서로 통한다. 사람이 만든 모든 빛은 에너지의 소진이 따른다. 소금 역시 그 기능을 다하려면 녹아서 소멸되어야 하는 것이다. 소금이 소금으로 보존되는 동안은 아무 역할도 할 수 없다. 녹아서 제 모습이 스러질 때 세상의 모든 식탁에서 맛을 내고, 모든 필요한 곳에 스미어 그 대상을 부드럽게 만들고, 세균의 번식을 차단하여 부패를 방지한다. 그리하여 빛과 소금이란 두 낱말은 희생과 헌신의 표상이 되었다.

"너희는 세상의 소금이다. 너희는 세상의 빛이다" 하는 가르침은 헌신과 희생의 요청이다. 그 쉽지 않은 사명에 순응하여 기꺼이 목숨을 다하는 사람들 덕으로 세상은 아직도 살 만하다. 지금도 세계 도처에서 무지와 어둠을 밝히는 빛으로,

오만을 절이고 부패를 막으며 맛을 내는 소금으로 사는 그들
이 있다는 것은 축복이다.

수탉

어느 날, 새벽을 휘저으며 들려온 수탉 소리에 잠이 깼었다. 귀 기울여보니 아직 어린 녀석인지 소리가 짧고 어설펐다. 이웃에서 닭을 들여놓았구나 짐작하며 잠을 청했으나 잠이 오지 않았다. 녀석이 그치지 않고 끈질기게 목청을 높이고 있었기 때문이다.

연전에 말레이시아 여행 중, 민박하던 집에서 닭 소리를 들었던 기억이 떠올랐다. 그 나라에선 닭싸움이 유행이라 집집마다 싸움닭을 키운다고 했다. 밤중에 머리맡에서 들린 수탉 소리는 거칠고 발악하듯 살기가 등등했다. 우리나라 수탉들은 소리가 곱다. "꼬기요오오" 길게 끌며 서늘하고 맑은 여운을 남긴다.

아침나절 이웃 농장에 찾아가 주인에게 웬 닭이냐고 물었더니 친지가 토종닭 세 마리를 보내와 키우게 되었단다. 암탉

두 마리는 알을 잘 낳아 재미가 있다며 대충 얽어 그물을 친 닭장으로 데리고 갔다. 수탉은 서둘러 암놈들을 구석으로 몰아붙이고는 기세 좋게 꼬꼬댁거렸다. "누가 접근하면 늘 저렇게 암놈들을 챙긴다"고 주인이 웃으며 말했다. 그러는 수탉의 기상이 어여쁘다. 암컷을 챙기고 지키려는 건 수컷들의 본능일까.

언젠가 마당에 뱀이 나왔는데 암탉들은 다 도망치고 수탉이 나서서 뱀과 혈투를 벌이는 걸 보았다. 처음은 몸통과 꼬리 쪽을 공격하다가 나중엔 뱀이 머리를 들 때마다 머리를 쪼아 대서 끝내 뱀을 죽이는 것이었다. 탄성이 절로 나왔다! 뱀은 둥지를 습격해서 알을 꿀꺽 하는 닭들의 적이다. 수탉은 온몸을 던져 싸워서 적을 물리친 전사인 것이다. 암탉들은 꼼짝 못하고 수탉을 의지할 수밖에…….

조류는 대체로 수컷의 깃털이 곱다. 열대우림에 사는 앵무새를 비롯해 공작이나 원앙, 집 근처 오리나 꿩들, 거의 모든 새는 수컷이 아름답다. 꼬리, 가슴, 날개, 머리 깃, 어디서 그렇게 화사한 물감들을 구했을까. 붉은 벼슬을 턱 밑에 척 늘어뜨리고 작은 머리통에 빨간 볏을 비스듬히 젖히고 우뚝 선 수탉, 온갖 색깔로 치장하여 높이 솟은 꼬리 깃털은 또 얼마나 당당한가. 잿빛 혹은 갈색뿐인 암컷들과는 사뭇 격이 다르다. 야생의 어떤 수놈들은 그 현란한 채색옷을 차려입고도 모자라 암놈 앞에서 구애의 춤까지 열정적으로 춘다. 나를 위해 구애의 춤을 춘 남자도 있었을까.

어린 시절 시골집에는 으레 오리나 닭 몇 마리가 돌아다녔다. 별난 닭장을 마련하지 않아도 겨울에 온기가 있는 부엌 한쪽 벽에 가마니 한 장 걸쳐 놓으면, 해 질 녘에 날아올라 잠을 잤고 암탉들은 부엌에 쌓아둔 솔잎더미에 보금자리 만들어 알을 낳았다. 수놈은 시계처럼 때맞춰 울지만 암놈은 알을 낳은 후면, '내가 장한 일을 했소' 하듯 기세도 높게 "꼬꼬댁 꼬꼬댁" 소리소리 친다. 곁에서 수탉은 잘했다는 듯 덩달아 "꾸우꾸 꾸꾸" 추임새를 넣으며 한동안 마당이 떠들썩하다.

철의 여인 마가렛 대처 여사가 영국의 수상이 되었을 때 육백여 명의 지도자들 앞에서 조크를 던졌는데 "홰를 치며 우는 것은 수탉일지 몰라도, 알을 낳는 것은 암탉입니다" 해서 만찬장을 웃음바다로 만들었단다. '알 낳는 일'의 그 막중한 소임을 수탉들이 알아듣긴 했을까.

수탉은 무언가 먹을 만한 걸 찾으면 아주 은근하게 암탉을 부른다. 곁으로 달려온 암탉이 먹이를 찍는 순간 뒤로 돌아가 때를 놓치지 않고 빠르게 암컷을 덮쳐 볼일을 끝낸다. 그 순발력이라니, 허나 이따금 사기도 친다. 모이가 없는데 있는 것처럼 암놈을 부르고는 제 욕심만 채우는 것이다. 엉겁결에 겁탈을? 당한 암놈은 부르르 깃털을 털며 일어서지만 항의하는 걸 못 보았다. 아, 누가 닭대가리를 폄하했을까. 그 쪼그만 머리통에서 나온 술수가 인간의 수준이다.

대체로 동물들은 어느 한철 암수가 어울리지만 수탉은 정력도 절륜해서 매일 섹스를 거르는 법이 없고 대여섯 마리는 거뜬히 거느린다고 한다. 서귀포 쪽에 있는 성문화공원에는 재미있는 이야기가 벽에 걸려 있었다.

아름다운 선물

어느 날 아끼는 마음으로 지내는 후배의 전화를 받았다. "책방엘 갔었는데 딱 선배님 좋아할 책이 있어 보냅니다."

가벼운 책 한 권일지라도, 누구에게 무언가를 보낸다는 건 쉽지 않은 일이라서 반갑고 고마웠다.

받은 책은 『타샤의 정원』으로 미국 버몬트 주의 한 시골에서 참으로 살뜰하게 정원을 가꾸고 그림을 그리며 동화를 쓰는 구십일 세의 여인 타샤의 삶을 소개하고 있었다. 사진으로 보는 정원은 바로 '지상의 낙원이구나' 하는 감탄을 일으켰다. 형형색색의 꽃들이 가득 핀 그녀의 정원을 누구라도 찬탄 없이 볼 수 없으리라. 구십일 세의 나이도 놀랍거니와 꽃 속에 서 있는 그녀의 모습은 주름진 얼굴임에도 소녀처럼 청초했다. 그녀의 생존이 그대로 한 포기 꽃인 듯 신선하고 향기로워 보였다. 책으로 전해 오는 그녀의 삶이 은총처럼 내게로

왔다. 책을 펴 읽는 동안 잠시 세상을 잊었샤. 맑고 고운 선물을 받은 것이다.

농사를 치운 넓은 땅을 가졌지만 도저히 그렇듯 꽃으로 채울 자신이 없다. 그러기를 채근하는 마음 있어 이 책을 보낸 건지도 모르는데……. 선망에 찬 마음으로 사진을 보며 한동안 생각에 빠졌다. 우리는 살면서 드물게 누군가의 선물이 될 수 있다. 사랑하는 사람들은 "당신이 바로 내 소중한 선물이요" 하고 말한다. 존재 자체로 선물이 된다는 건 참으로 기쁜 일이다. 사랑의 절정이다. 그뿐이 아니다. 의식하지 못하고 살고 있지만 오늘 내가 누리는 모든 혜택은 하늘과 자연이 주는 선물이요, 인류의 삶에 공헌했던 사람들이 남기고 간 더없이 귀한 선물이다. 값을 지불할 수 없는 선물들이 내 삶을 채우고 있는 것이다.

한 권의 책으로 선물이 되어 배달된 타샤, 그녀의 삶에 오늘 내 눈이 부시다. 삶의 족적이 타인에게 선물이 된다는 건 얼마나 아름다운가.

어른 속에 사는 아이

　손녀는 우유를 먹고 자랐다. 아기를 돌보던 할머니는 밤마다 젖병을 물린 채 재웠다. 그렇게 자란 아이는 서너 살이 될 때까지 우유병을 떼지 못하여 밤에 우유 먹는 습관을 없애려고 아무리 애를 써도 고착된 버릇을 고치기가 어려웠다. 몇 개월 동안 노력하고서야 가까스로 젖병을 멀리하게 되었으나 벌써 아이의 이빨이 삭기 시작했다. 치과에 드나들며 혼이 나면서도 계속 젖병에 대한 애착을 보였다. 아이와 실랑이가 그치지 않아 낮에는 물론 한밤중에 깨어 우유를 타주고 이빨을 닦게 하는 일은 고역이 아닐 수 없었다.

　"너는 이제 베이비가 아니야."

　손녀는 수도 없이 세뇌를 당하고 매도 맞으며 겨우겨우 젖병을 멀리할 수 있었다. 둘째를 가진 어미는 쓰던 병들을 잘 소독하여 말려서 찬장 제일 높은 곳에 보관 중이다. 손녀는 이따금 그 젖병들을 바라보며 말한다.

"함머니, 저 쭈쭈병은 동생이 태어나면 줄 거지? 내가 베이비에게 우유 줄 거야."

그렇게 시작을 하지만 기어이 젖병을 꺼내 달라고 보챈다. 젖병에 대한 집착을 말릴 수가 없다. 장난기가 발동한 나는 우유병에 물을 담아 주면 먹겠느냐고 물었다. 손녀는 펄쩍 뛰며 물이 담긴 젖병을 빼앗듯이 안고 침대로 가더니, 이불을 뒤집어쓰고 맹물을 맛있게도 빤다. 그 흥분이 내게도 전해 와 혼자 쿡 웃었다. 밤낮 친숙하던 우유병을 억지로 끊게 했으니 얼마나 사무쳤을까. 목마르지 않을 텐데도 물을 더 달라고 청해서 갈증 들린 사람처럼 마셔 댄다. 부끄럽기는 한지, 한사코 이불 속으로 들어가서다. 그 순간에 나는 손녀와 비밀스런 유대감을 느낀다. 엄마가 알게 되면 야단을 칠 테니까. 녀석은 자기 마음을 알아주는 할머니가 아주 좋다. 유난히 섬세한 감성을 타고났을까. 변기에서 일을 볼 때도 큰 수건으로 얼굴을 가리고서야 편안해 한다. 그 모습이 정말 웃긴다.

누구에게나 젖병을 빨던 때가 있었다. 보채고 울면 모든 게 해결되던 시절이었다. 나는 어른이 된 후에도 이따금 보채고 울며 하나님을 찾는다. 어른들도 남에게 들키고 싶지 않은 저마다의 비밀스런 욕망이 있을 터이다. 은밀히 저질러 보고 싶은, 결코 남에게 보이고 싶지 않은, 한사코 이불로 얼굴을 덮으려는 아가의 심정으로, 눈 가리고 아웅 하는 일인 줄도 모른 채 보이지 않는 곳에서는 더러 법도 어기고, 인습도 밟고, 금기된 장난도 저질러 보고 싶은 것이다.

내려오기 위해 산을 오르듯, 결국은 아이가 되려고 한세상 살고 있는 것인가. 판단이 흐려지고 기억력이 없어지고 치매에도 걸리는 노년은 퇴화의 과정만일까. 노년은 누군가의 도움 없이 생존이 유지될 수 없다는 점에서 어린아이가 되는 시기다.

그러나 어린아이는 싱그러움과 여릿한 피부, 발랄한 몸짓, 성장의 기대감으로 사랑스럽기 그지없는데, 다 살고 나서 시들어가는 육체, 흐릿한 정신은 순수와 고결함과는 멀리 떠나 있어 노욕까지 겸하면 곁에 머물고 싶은 사람이 없다. 장수가 재앙이 되는 것은 서글프다. 깨달은 사람은 단순 소박하여 아가의 성품을 드러낸다는데……. 노추를 넘어 저 맑고 천진난만한 아기가 될 사람이 몇이나 될까!

인생의 노년이란 누에가 고치를 만드는 시기라는 느낌이 온다. 부지런히 먹고 배설하며 넉잠을 자고 난 누에는 그 마지막 잠 앞에서 먹기를 멈추고 고요해진다. 느린 동작으로 실을 뽑아 고치를 만들고 나서 긴 잠에 빠져 든다. 고치 안에서 누에는 서서히 번데기가 되는 것이다. 노년이란 육체가 작아지면서 세상을 향해 펼치던 팔을 가슴으로 모아들이는 시기다. 번데기의 꿈은 새 탄생의 비상이다.

어른으로 산다는 것

왜 모든 현자들은 어린아이가 되라 하는지 모르겠다. 성서에서 예수 그리스도는 어린양임을 극구 천명할 뿐 아니라 그분 자신이 어린아이를 안고서 "너희가 이 아이처럼 되지 않으면 결단코 천국에 들어갈 수 없다"고 말씀했다. 어린이는 귀엽고 어여쁘기만 해서 천사 같은 이미지로 묘사되지만 아이를 키우며 겪어내는 수난을 아는 부모라면 전적으로 그렇다고 동의하기가 쉽진 않으리라.

친구와 만날 약속 시간이 넉넉하여 근처 옷 가게로 발길을 돌렸는데 하얀 바탕에 부용꽃이 화사하게 수놓인 이불이 눈을 끌었다. 가격이 만만치 않았지만 큰 맘 먹고 들고 와서 잠자리에 펴니 마치 귀부인이라도 된 듯하다. 처음엔 남편을 떠올렸는데 우선순위를 바꾸란 결심이 생각났다. 습관이 되

어 버린 남편 먼저가 아직 내 행동을 제약하고 있어 나를 앞
세우기가 쉽진 않다. 늘 맛있어 보이는 과일 깎아 남편 앞에
놓고, 정갈한 이부자리 장만하여 계절에 맞게 바꾸어 주었다.
내 나날은 그를 중심으로 맴돌았다. 이제 그가 아니라 나를
먼저 살피리라는 결단이 가능할지 모르겠다.

　세상의 모든 아내가 대체로 그렇게 살고 있을 것이라 억울
하거나 후회하는 마음은 아니지만 이제 그 순위를 바꾸어도
되는 시기가 온 듯싶다. 그에게 날 우선해 달라는 요청은 씨
도 먹히지 않을 말이다. 하지만 내가 나를 사랑하겠다는 데야
누가 말릴 것인가. 나이 칠십을 훌쩍 넘겨 결혼 오십여 년을
바라보는 시점에 와서야 자신을 사랑하리라는 자각이 왔다면
지능이 좀 모자라지 싶다. 남편과 아이들 먼저 챙기고 언제나
자신은 뒷전에 두고 살았던 날들이 갑자기 눈물겨워지던 참
이었다. 나도 이따금은 아이가 되어 누군가에게 투정도 쏟아
놓고 응석도 피워 보고 싶었다. 아무리 둘러보아도 내가 아이
되기를 허락할 사람이 없어 그냥 어른인 척 살아온 것이다.

　어른이라는 사전적 의미는 다 자란 사람을 말한다. 그러나
이 말의 속뜻은 철이 들어 제 할 일을 분별하여 처신할 수 있
는 사람에 대한 호칭이다. 때로는 단체의 수장이나 지위가 높
은 사람을 한국적 정서로 존대하는 뉘앙스도 품는다. 어떤 사
람이 '어른으로 살았다'고 표현했다면 응석을 부려 보지 못했

다는 말이고, 사랑을 받으며 살지 못했다는 뜻일 수 있다. 남의 입장을 살피고 배려하고 포용하는 일은 아이의 몫이 아니라 어른의 몫인 까닭이다. 한 여인이 평생 어른으로 살았다는 느낌이 든다면 그녀가 가족은 물론 주변의 친구나 친족들을 배려하고 이해하고 품어 안으며 살았다는 의미가 되겠다. 고단하고 힘든 생애의 다른 표현이다.

어릴 적엔 공주로 자라고 결혼해선 남편의 지극한 아낌을 받고, 나이 들어 착한 자녀의 섬김을 받는 게 여인의 꿈일 터지만 아마 그 여자는 영원히 철들지 못한 child woman이 될 가능성이 높다. 고통의 강을 건너 본 사람만이 지혜의 언덕에 도달하는 까닭이다.

어린이들만 가는 천국이라면 나는 사양하겠다. 그곳이 어디든 어른들이 사는 곳이라야 천국일 터이다! 유아적이라는 말은 미숙하다는 의미이다. 어른이란 소아의 껍질을 벗어 버린 통찰과 혜안으로 빛나는 성숙된 인격이다. 어린이들을 사랑하셨던 그분, 예수님은 오직 홀로 완성된 인간의 본이셨다. 완성이란 아이가 아니라 어른의 다른 이름이다.

열매는 꽃의 노년

　나이만큼 속력을 낸다던가. 새해 열린 지 엊그제인데 어느새 봄 3월이 기운다. 늦게 피는 홍매조차 만개하여 대지가 환호하고 휘파람새 소리 푸르다.

　올해는 나에게 특별했다. 삼십을 넘겼을 즈음에서, 나이를 더해 가는 부담과 두려움이 언뜻언뜻 스쳤는데 웬일로 칠십 후반에서야 새해를 맞는다는 기쁨이 가슴 깊은 곳에서 치솟아 올랐던 것이다. "아, 해를 넘겨 한 살을 더 보태는구나!" 혼자 웃었다. 아직 살아 있다는 행복감이 밀려왔다. 기대할 만한 것이 없는 나이가 되었는데 어째서 내가 이리 기쁜 것일까! 속으로 자문하며 칼바람 속에서 열심히 꽃대를 키우는 수선화 가득한 마당가를 몇 번이나 돌았다.

　그동안은 주름진 얼굴을 바라볼 때마다 언짢아져서 '죽는 것까진 좋습니다. 늙지만 않게 해주십시오' 이렇게 기도하고 싶었는데, 이 가련한 소망에 응답이 있을 리가 없어 참았다. 세상엔 쓰리고 가슴 아픈 일이 아무리 많아도 누구나 살려고 애를 쓴다. 이 아름답고 경이로운 지상을 버리고 캄캄한 어둠 속으로 사라지고 싶어 하지 않는다. 해서 죽음엔 눈물과 애통함이 따라다닌다. 피안의 세계는 알 수 없고 현실은 고통과 슬픔이 길을 막지만 곳곳에 숨겨진 기쁨, 반짝이는 보람 같은 게 삶을 이끌어 모두 열심히 바쁘게 시간을 보낸다. 생자필멸, 누구도 죽음을 피해갈 수 없다는 명백한 결말을 알면서도 나와는 별 상관이 없는 것처럼, 혹 해야 할 숙제를 밀쳐 두듯이 속절없이 세월이 간다. 그러다 어느 순간 자신의 얼굴을 보고서야 당혹과 절망에 소스라친다.

하지만 잠시 숨 돌리고 생각해 보니 인생의 시작이나 과정은 끝을 위한 것임을 깨우치게 되었다. 첫 삽을 뜨는 모든 건축물은 완성을 향한 노력이 투입되어 비로소 그 웅장한 모습이 드러나고, 첫 발을 들어 뛰기 시작한 마라토너는 결승을 바라보며 혼신의 힘으로 달려 승리를 얻어낸다.

열 달 동안 어미 배 속에서 오로지 청각만으로 몸 밖 세상을 느끼며 지내던 아기는 양수 속의 평안을 버리고 어두운 산도를 비비며 나올 적에 얼마나 두려웠을까. 우리는 그 기억을 회상하지 못할 뿐이다. 아기의 탄생이 그러했던 것처럼 지구는 인간 영혼의 성숙을 위해 머무는 또 다른 거대한 자궁은 아닐까.

　고단한 노역에서 풀려나는 일용직 근로자처럼 나는 저녁이
되면 늘 가벼워진다. '하루가 끝났다!' 맘속으로 외치며 음악
을 듣거나 책장을 넘긴다. 그러던 어느 날 짧은 시 한 줄을 만
났다.
　"홍시여 너도 젊었을 적엔 떫은 감이었다네."
　아, 모든 열매는 꽃에게는 노년이구나! 어린 묘목은 짧지
않은 시간을 자라 성목이 되고, 꽃이 피고 지며 작디작은 푸
른 열매를 단다. 그 무렵엔 어떤 과일도 떫거나 써서 먹을 수
가 없다. 나무는 햇살과 비와 바람, 병해충까지 견디며 뿌리
와 줄기 잎사귀마다 힘을 다해 충분한 시간 동안 공을 쏟고
나서야 열매를 익힌다. 황홀한 색색으로 치장하고 다디단 과
즙을 채워 모든 동물의 먹이가 되는 것이다.
　진화론이든 창조론이든 이 세상에 태어난 것은 기적과도
같은 일이다. 아메바면 어떻고 진흙이면 어떤가. 인류의 출현
과 진화는 분명히 신비에 쌓여 있다. 그 아득한 삶의 시원(始
原)에는 기필코 어떤 목적이 있었으리라.
　온갖 생명들의 생성과 소멸의 순환과정을 살피면 사유의 지
평은 끝없이 열린다. 죽음이란 생의 끝이 분명하지만 하나의
열매가 과육을 털어내고 씨앗을 남기듯 육체를 버리고 떠나야

하는 새로운 탄생으로의 전환일 듯싶다. 비좁은 어미 태를 떠난 아기가 광활한 대지를 밟았듯이 지상을 벗어난 영혼이 날아갈 우주가 어디에선가 우리를 기다리고 있는 건 아닐까.

내 삶의 지난 자취 속에 영광은 없었다. 마치 먹기 거북한 땡감처럼 떫었으리라. 세월의 풍파를 겪어 낸 노년에 비로소 한 알의 과일처럼 익어 가는 내 날들이 어찌 기쁘지 않겠는가. 태어나겠다는 의지로 태어난 사람은 아무도 없다. 누가 출생을 선택할 수 있었는가. 그러나 어떤 죽음을 맞을 것인가는 내가 선택할 수 있는 일이다.

죽음이여 오라. 하루를 끝내고 저녁을 맞듯이, 잘 익은 열매가 농부의 손에 놓이듯이 나를 경작하신 이에게 돌아가리라.

옥수수수염

즐겨 하모니카에 비유되는 옥수수는 유독 수염이 눈에 띈다. 왜 그렇게 수염이 길게 또 수북하게 나와 있는지 '참 별나다' 싶으면서도 정작 그 수염의 역할에 대해선 무심히 지나쳤었다.

어느 날 옥수수 껍질을 벗기다가 가느다란 수염이 알갱이 한 개 한 개마다 연결된 것을 보았다. 그때 문득 깨달았다. 그 수염이 옥수수 대 끝자락에 피어 있는 수술 꽃가루를 열매에 날라주었다는 것을. 경이로움이 온몸을 휘감았다. '생명에 관한 한 쓸모없이 만들어진 것은 아무것도 없구나' 하는 놀라움이 밀려왔다.

옥수수 대는 하나로 곧게 자라서 성장이 멈출 즈음, 대 끝에 방사형의 자잘한 줄기를 뻗쳐 수꽃을 피운다. 꽃 모양은 벼꽃과 비슷하나 그 꽃처럼 구수하진 않다. 가을 녘 벼꽃이 만개한 논둑을 걸을 때면 갓 지은 쌀밥 냄새와도 같은 벼꽃 향기가 가득히 밀려와 냄새만으로 배가 부르던 추억이 있다. 형태는 비슷한데 옥수수 꽃엔 향기가 없다. 향기가 없는 꽃은 인정이 말라 버린 사람처럼 허전하다. 하지만 바람만 있으면 만사 순조로울 터인데 애써 향기를 만들어 벌, 나비를 유혹할 일이 있겠는가. 풍매화인 것이다. 자연은 에너지를 허투루 쓰지 않는다. 인간만이 허황하여 분에 넘치도록 흥청거리며 낭비를 마다 않는다.

옥수수의 수꽃은 꽃방울들이 아래를 향해 달랑달랑 위태롭게 매달려 있다. 스치는 바람에도 곧장 떨어질 채비를 하고 있다. 꽃이 그런 모습인 것은 쉽게 떨어져 내려 암술에 닿고자 함이다. 열매 자루에는 수염이 잔뜩 올라와 수술 꽃가루를 받기 위해 기다리고 있다. 꽃가루를 받는 그 순간부터 열매는 성장하기 시작할 것이다.

곧게 뻗은 대 중앙쯤에 두세 개의 열매가 달린다. 몸통에서 뻗어 나온 기다란 나란히맥 잎이 든든한 받침대가 되어 겹겹이 둘러싼 푸른 옷 속에서 보호받으며 자란다.

수정이 일어나기 전에 어린 열매에서 수염을 모조리 뜯어낸다면 당연히 그 옥수수는 쭉정이가 되고 만다. 옥수수 알이 더러 여물지 못하고 흔적만 남은 자국을 보게 되는데 그것은 알갱이를 책임 맡은 암술 줄기, 즉 수염이 꽃가루를 받아오지 못해 수정이 안 된 탓이다. 옥수수를 다듬을 때마다 귀찮기만 하던 수염의 중요성을 깨닫자, 알갱이의 생사가 전적으로 실낱같은 수염에 달려 있음에 경탄했다. 수염은 아기의 탯줄과도 같다. 그래서일까, 약제로도 쓰이고 말렸다가 차를 끓여 마신다.

일년생 식물로는 특별하게 옥수수 대는 땅 위에 굵은 버팀뿌리를 내려 외줄기의 취약함을 지탱해 준다. 식물은 저마다 섬세한 장치와 기교로써 자신의 씨앗을 키우고 지켜 낸다. 창조주의 정교한 솜씨가 놀랍다. 어찌 인간의 모성만 장하다 할 수 있을까.

옥에 티

　잦은 태풍의 길목에 위치하여 홀대받던 땅, 대만의 화련은 대리석 공장이 들어서면서 활기를 찾았다고 한다. 대리석 가공으로는 동양 최대의 규모를 자랑하고 있었다. 대리석은 건축자재로서 뿐 아니라 예술성이 높은 조각품의 소재이고 그 속에서 나오는 희귀석은 보석으로 가공되어 오래전부터 사랑을 받아 왔다. 특히 중국 사람들은 옥이 건강과 행복을 가져온다며 보석 중에서 으뜸으로 친단다.

　판매를 겸하고 있는 전시장은 대리석 조각품과 장신구들로 화려했다. 그곳에서 옥의 진품과 가짜 구별법을 배웠다. 전시장 안내원이 진열된 보석들을 가리키며 어느 것이 진짜인가 물었을 때, 모두가 유난히 색조가 고운 옥을 짚었는데 그게 바로 가짜라서 한바탕 웃었다. 불빛에 비추어 어른거리는 구름무늬처럼 흠이 보이면 진짜고, 티 한 점 없이 맑고 투명하면 인조 옥이다. 아무리 곱고 특별해 보여도 급조된 가짜 옥이 진품의 가치를 넘볼 수는 없을 것이다.

그곳에서 "옥에도 티가 있다"는 속담을 실감했다. 물론 그 말은 한 가지 뜻으로만 쓰이지 않는다. "옥에 티군" 하는 말과 "옥에도 티가 있어", "티 없는 옥도 있던가" 하는 말의 함의는 다르다. '옥에 티'라는 동일한 현상은 긍정과 부정과 냉소의 여러 의미로 쓰인다. 어쨌거나 보석의 결함인 티가 옥의 진위를 판별하는 유일한 기준이라니 아이러니를 느꼈다.

바로 그 옥의 티가 춘추전국시대 조나라의 명운을 좌우했던 이야기가 전해 온다. 주변 국가들을 제압한 진나라가 한창 맹위를 떨치던 때, 염파장군의 힘으로 가까스로 진과 맞서고 있던 조나라에는 '화씨벽'이라는 희귀한 옥이 있었다. 진은 그 화씨벽을 요구하며 성채 열다섯을 양도하겠다는 조건을 내건다. 그 요청을 수락할 수도, 거절할 수도 없는 처지에 놓인 조나라를 위기에서 건진 한 특출한 인물이 있었으니 바로 인상여다. 그가 자진하여 옥을 가지고 진나라에 갔다. 옥을 받고 흥분해 있던 진의 왕을 보며 약속을 지키지 않으리라는 것을 직감한 인상여는 '옥의 티가 어디에 있는지' 가르쳐 주겠다는 구실로 화씨벽을 다시 건네받아, 목숨을 건 기지를 발휘해 무사히 귀환한다. 그 후 인상여는 조나라의 제상이 되고 염파장군과 힘을 다해 나라의 기초를 굳게 세웠다는 내용이다. 거짓일망정 성채 열다섯과 바꾸자는 제안을 할 만큼 옥 하나의 가치가 컸던 모양이다.

옥 속에 보이는 무늬나 티가 예사롭지 않은 대접을 받는 것은 그만한 까닭이 있다. 옥은 땅속 깊은 곳에 수억 년 묻혀서 온갖 파동을 겪고, 지열과 지압의 혹독한 단련을 통과하며 생긴 결정체다. 판독할 능력만 있다면 그 미세한 무늬 하나, 티끌 한 점에서도 수많은 정보를 알아낼 수 있을 터이다. 색채만 현란하고 매끄럽게 급조된 인조 옥이 진짜 옥의 기품을 어찌 감히 넘보겠는가. 순간 어떤 생각이 퍼뜩 스쳤다.

우리의 영혼이 하나님 앞에 설 때, 어두운 흔적이나 티가 보이지 않을 사람은 없으리라. 결함을 지닌 인간이야말로 신의 진품이 아닐 것인가. 신이 허락한 자유의지는 무지와 미숙으로 하여 악에 치우친다. 인류사에 점철되어 있는 실패와 과오의 얼룩들은 어쩌면 하나님의 눈에 혼신의 힘으로 인생을 살아 낸 흔적으로 보이지 않을까. 신께서 혹시 결함과 잘못을 인간 훈련의 도구로 여기고 계신다면……

"오! 그래." 가슴속에서 기쁨 하나가 섬광인 듯 지나갔다. 만일 악마가 인간을 만들었으면 한 치의 실수도 없이 작동하는 로봇처럼 완벽한 존재가 되게 했을 것이다. 그래야만 조종이 수월할 터이다.

잘해낼 수 없는 일들로 지치고 허점 많은 나를 보며 자괴감에 들 때마다 "그런 모자람이 너의 매력이기도 해" 다독이며 감싸던 선배가 떠오른다. 결점을 매력으로 보아 준 선배의 우정은 삶을 지탱해 준 힘이 되었다.

전시장을 나왔을 때, 진품 옥 반지 한 개를 반값에 잘라 샀다며 좋아하는 후배를 만났다. "와, 잘 샀네." 나도 모르게 소리가 튀었다.

왜 글을 쓰고 싶어 할까

글을 쓴다는 건 혼을 쏟는 작업이다. '내가 무엇 때문에 이러고 있지' 스스로 물을 때가 있다. 이 자발적 노역엔 답이 없어 쉬려고 불을 끄자 기다리고 있던 듯 달빛이 쏟아져 왔다.

강물에 흔들리는 선상에서 밤늦게까지 「미학(美學)」을 읽던 인도의 시성 타고르, 책을 덮고 촛불을 껐을 때 선실 가득히 밀려드는 달빛에 이끌려 선실 밖으로 나와서 찬탄했다. "아름다움은 책 속에 있는 것이 아니구나!"

일본의 한 선사는 "내가 경전을 읽고 있는 사이 / 나팔꽃은 / 최선을 다해 피었구나." 시를 남겼다. 책을 읽던 두 분이 책을 덮고 자연에 감탄하는 모습에서 오는 울림이 깊다.

삼라만상은 저마다 자신을 드러내어 우리를 붙든다. 지상의 온갖 존재가 자신을 표현하려고 최선을 다하고 있는 것이다. 식물들은 끊임없이 돋아나서 형형색색의 잎과 꽃과 열매로 자기를 증명해 보이고, 조그만 새알에는 비상을 꿈꾸는 날개가 있다. 생명뿐인가. 무생물도 변신을 거듭한다. 어느 순간도 가만히 있지 않아 변화무쌍한 구름, 밀려올 적마다 형상이 다른 파도, 조용히 서 있는 산이나 바위도 서서히 그 형체와 색상을 바꾼다. 찰나도 쉬지 않는 변화의 모습, 그것이 우주의 본성이다. 이 무한한 시간과 공간 속에 모든 존재가 자신을 드러내며 그 빛과 선율로 우리를 사로잡는다. 누군가 그에 삼응하여 표현해 주기를 기다리는 것처럼, 인간과 교감을 꿈꾸듯이…….

사람의 혼 속에 고동치는 표현에의 욕구는 어쩌면 창조의 프로그램일 듯하다. 화가나 음악가, 조각가, 작가, 무용수나 각양가색의 예술가들은 색채와 소리, 형상과 언어, 춤, 온갖 방법을 동원하여 '표현의 작업'에 신명을 건다. 그곳에 희열의 절정이 있는 까닭이다. 표현이라는 사전적 의미는 밖으로 밀어냄, 드러내 보임, 예술적 형상화의 뜻이다.

"쓰지 않으면 죽을 수밖에 없는가?" 한밤중에 일어나 스스로 물어봐야 한다고 조각가 로댕은 말했다. '표현하지 않고는 견디기 어려운' 내적 충동이 아니라면 어떻게 모든 창작활동이 가능할 것인가. 이 대책 없는 자발적 감흥이 있어 예술은 존재한다. 아주 오래전 「분홍 신」이라는 영화에는 한 여인이 마법의 신을 신고 밤낮 없이 춤을 추다 쓰러진다. 표현에 대한 생명의 분출은 이 '마법의 분홍 신'과 같을지도 모른다. 제어할 수 없는 신들린 이 '열정'이 창작활동의 근원적 힘일 것이다.

쉽게 글 쓰는 일에 뛰어들지 못한 원인은 나를 다 내던질 만한 열정이 모자랐던 탓이었다. 머뭇거리는 사이 세월을 다 보내고 뒤늦게 나서다니 부끄럽다. 허나 사유의 세계 속에는 기쁨이 있다는 걸 알았다. 표현의 마술에 빠져든 셈이다.

살아온 날들의 체험과 한(恨)을 풀어낼 때 오는 카타르시스는 내 한 생애 속에 엉킨 상처를 치유하고 영혼을 정화시킬 것이다. 그러나 내게는 순수한 혼의 몰입이 없다. 저 깊은 내면에서 들려오는 소리가 없다. 작가가 되기엔 실격인 셈이다.

밤중에 일어나지만 치열한 물음을 던질 수가 없다. 그냥 천천히 다리를 끌며 저 눈부신 극점을 바라볼 뿐.

영광이 없는 이름

이 세상 수많은 사람의 이름 중에 가장 흥미롭고 그럴듯한 이름은 아메리카 원주민, 인디언의 이름일 것이다. 「늑대와 함께 춤을」이라는 영화에서 사람의 이름이 참 신기했다. 구르는 천둥, 붉은 구름, 상처 입은 가슴, 앉은 소, 열 마리 곰, 검은 매, 쳐다보는 말 등 어떤 특성이나 행적, 겪어 낸 사건들을 이름으로 불러준 그들의 정서가 현실감 있고 유머 감각까지 더하여 멋지고 특별했다. 그들의 방식대로라면 내 이름은 아마 빠른 손, 잘 도는 머리쯤 되었을 게다. 성정이 급하여 남보다 앞서지만 세밀하지 못해 실수가 잦은 편이다. 잘 도는 머리란 칭찬이 아니라 그러지 않기를 바라는 남편의 비난성 명명이다.

아기가 태어나면 이름을 위해 신경 쓰고 복과 부귀가 따르기를 염원한다. 그런 소망을 담아 이름을 지어준 사람이 혹

집안 어른일수도 있고 작명가에게 의뢰하기도 하여 이름마다 의미를 부여한다.

나는, 부모가 바라지 않은 딸로 태어났다. 인물이 훤칠하시던 아버지는 당신을 빼어 닮은 두 아들을 차례로 잃고 나자 그 아픔을 보상하고도 남을 만한 남아를 기다리고 있었다. 어머니는 음력설 준비에 떡을 빚다가 산고를 치루셨다. 딸은 자식 축에 들지도 않을 만큼 철저히 남존여비 의식이 뿌리 깊던 아버지의 실망은 너무도 깊었다. 아기는 더더군다나 예쁘지도 않아서 "저게 내 자식이야?"라며 거부감까지 보이셨단다. 산모는 출산 뒷바라지도 받지 못하고 죄인이 되셨다. 그 후로 아버지는 아들을 낳겠다며 바람을 피우기 시작했고, 나는 태어난 바로 그 순간부터 불효자였다. 어머니는 피 묻은 옷가지를 집안에 두고 새해를 맞을 수 없다는 금기를 지키느라 바로 뒷날에, 바닷가 산지 천에서 북풍을 온몸으로 받으며 차디찬 물에 빨래를 했다. 그때 얻은 천식이 지병이 되어 평생을 고생 고생하다가 돌아가셨다.

아기는 잘 울고 아버지가 홀대하니 할머니도 삼촌들도 온 식구가 다 귀하게 여겨주지 않았다고 한다. 나는 늘 엄마 등에 업혀 지냈고 어머니는 그 서러운 상황에서도 결연하게 다짐하셨다고 했다. '죽은 자식이 자식이랴, 아무리 못나도 살아야 자식이지, 세상이 다 미워해도 내게는 금쪽같은 새끼다'

하며 혼자서 "옥금아 옥금아!" 부르셨다. 그게 그냥 이름이 되었다가 뒷날 호적에 올리며 그 흔한 자(子)를 붙여 옥자로 개명한 것이다. 순자, 영자, 숙자, 애자, 정자, 온통 여아들의 이름에 자(子)를 달던 시대였다. 이름의 내력을 말하려면 언제나 눈시울이 젖는다. 내 출생이 서러워서가 아니라 나 때문에 겪으신 어머니의 고초가 가슴에 한으로 남아 있는 탓이다.

영광이 없는 이름 옥자, 흔해 빠진 이름에 공 씨로 태어난 프리미엄이 붙어 공옥자는 그나마 견딜 만한 이름이 되었다고나 할지. 친구들은 아직도 내 이름에 반드시 성씨를 붙인다. 성을 붙여만 나다운 맛이 난다는 설명이지만 공 씨는 희성(稀姓)이라 아마 다른 옥자와 혼동을 피하려 했을 것이다. 고려 공민왕의 왕비 노국공주의 시종으로 따라왔던 사람 중에 공 씨가 있었단다. 천하가 다 아는 공자님 자손이 한국에 뿌리를 내린 근원은 거기에서 유래되었다.

일손이 빠르고 머리가 잘 돌면 무슨 소용인가? 아무런 공적도 없이 한 생애가 가고 있다. 환갑을 겨우 지나 세상을 뜨신 어머니보다는 십여 년을 더 살고 있으니 그것만으로 나를 키워내신 어머니에게 효를 다한 거라고 서글픈 위로를 삼는다. 자식을 잃어 본 사람은 안다, 부모보다 먼저 가는 자식만큼 불효가 없다는 것을.

비록 환대 받지 못한 출생이었어도 나는 이 아름다운 지상에서의 삶을 허락한 부모님의 은혜에 감사하고 있다. 누군가 말했었다. "울면서 태어났지만 웃으며 죽을 수 있다면 성공한 삶"이라고.

그러기를 소망하여 추스르며 산다. 영광을 남기지 못한 이름인들 어떠리.

이인칭 사랑

한겨울 추위가 영하를 오르내리던 날이었다. 설 명절을 앞둔 재래시장은 사람들로 붐볐다. 장을 보고 나오는 길에 반가운 얼굴을 만났다.

"어머, 장 다보셨어요?" 환한 미소와 함께 건너온 인사말이 정겨웠다. 다가서며 그녀는 "무얼 사드릴까요?" 했다. 기다린 듯 대답이 순간에 나갔다. "어묵."

길가에 솥을 걸어 놓고 어묵을 팔고 있었다. 군침이 돌았다. 주머니를 뒤졌으나 잔돈이 잡히지 않아 포기하고 막 지나치던 참이었다. 놀란 눈을 크게 뜬 그녀가 어묵 장사 앞으로 나를 이끌었다. 김이 모락모락 올라오는 어묵 통에서 따끈한 어묵 한 꼬치를 집어 들었다. 입에 넣으려다 말고 미안한 맘에 "자네는?" 하고 묻자 점심 먹은 지가 얼마 안 돼서 배가 부르다며 손사래를 쳤다. 그녀 말을 믿기로 하고 염치 좋게 어묵을 삼켰다. "더 드세요" 권했지만 "하나면 족하다"고, "사실은 나도 배가 고팠던 건 아니"라고, 구차한 변명을 하며 싱겁게 헤어지고 나서 내 돌발적인 행동을 곰곰이 반추했다. 절친한 사이라고 말하기도 그렇고, 허물없는 친지도 아닌 터에 대목 장터에서 만난 사람에게 불쑥 어묵을 사라 했으니 '노망끼가 들었다 해도 할 말이 없겠어.' 허허 웃음이 나왔다. 나이 들면 어린애 된다는 말이 맞네. 고개를 끄덕였다.

물론 그녀에 대한 신뢰에다 얼마간의 장난기와, 뭔가 해주고 싶어 하는 그녀의 간절함이 손에 잡혀 그 뜻을 받아주고 싶었다. 어묵 한 꼬치를 사주는 것이 별 부담스러운 일은 아니라서 쉽게 말이 나왔을 것이다. 사실은 추운 날씨에 뜨끈한 어묵이 날 유혹했다는 게 적절한 이유였겠다. 크게 허물 삼지 않으리라 안도하면서도 생각이 꼬리를 물었다.

사람들은 만나면 서로 친밀감을 나타내고 이런저런 이야기를 나누며 반가워하지만, 돌아서면 들었던 말이나 보여준 행동을 비판하고 말거리를 삼기가 쉽다. 좋은 분위기에서 맞장구치며 했던 이야기들이 뒤틀려서 흉이 되고 상처가 되는 걸 더러 보았다. 남들은 나를, 나는 또 남을 평하며 사는 것이다. 변함없이 우호적인 감정이 유지되는 것도 아니고 어쩌다 험담을 즐기는 상대라도 만나면 응대하며 공범이 되기도 해서 우리는 모두 가해자이며 피해자이다.

앞선 세기에, 독일의 신학자 마르틴 부버는 『나와 너』라는 명저를 남겼다. 인간관계의 미묘함을 잘 짚어낸 책, 오래전에 읽어 다 재생할 수 없는데도 유독 몇 장이 기억에 남았다. 사람이 '너'라는 이인칭에서는 존중되지만 '그'라는 삼인칭인 경우, 수단화된다고 했던 말이다. 그는 역사 속 인물 중에서 이 두 유형의 대표 주자를 들었는데, 모든 사람을 이인칭 '너'로서 사랑했던 '예수 그리스도'와 주변의 모든 인물을 삼인칭 수단으로 이용한 '나폴레옹'을 거명했다. 자신의 이익을 추구하지 않는 사랑, 조건 없는 참된 사랑은 이인칭일 때 가능해진다는 뜻이다. 한 사람이 인생의 목적이 되면 그곳에 필연적인 사랑이 놓인다. 그리하여 이인칭적 사랑의 대상을 확산해가는 일이 숭고한 삶으로의 여정이 되는 것이다.

약탈과 전쟁, 착취와 살상이 판을 치던 어두운 인류사의 방향을 조금씩 변화시켜 인간의 의식을 진화시켜온 기적은 사람을 수단이 아니라 목적으로 대하여 사랑한 분들의 공적이다. 하지만 사회생활이란 깊이 생각할 것도 없이 우리는 서로에게 수단이 되는 삼인칭 관계다. 대체로 평범한 사람들의 삶은 누군가의 필요를 채우는 삼인칭으로 수단화된다는 그의 지적은 옳아 보인다. 사람을 상대할 때 아무나에게 "당신이야말로 내 인생의 목적이오" 하기는 어려운 일이다. 인간은 신조차도 복을 받으려는 수단으로 삼는다. 또 얼마나 많은 사람이 성자의 가르침을 전파하며 생계를 해결하고 있는가, 하여 거창한 담론은 해봐야 끝이 없겠다.

갑남을녀의 대화 속에서조차 삼인칭이 등장하면 공정한 말하기가 쉽지 않아, 화자인 나와 너, 듣는 너와 나 사이에서 삼인칭은 도마 위의 고기 신세가 되는 일이 잦다. 남을 깎아내리며 우월감을 즐기고 싶은 인간의 본성은 그만큼 뿌리가 깊어 보인다. 보통 사람들에게 전 인류를 이인칭으로 사랑하신 성자의 본을 따라 살라는 것은 힘에 겨운 요청인 것이다. 하지만 적어도 어떤 사람을 없는 자리에서 험담하는 말이라도 자제할 수 있을까.

젊은 친구여, 정이 담뿍 서린 어묵 고마웠어. 그 짧은 순간에 나는 자네의 눈빛에서 사랑을 읽었네. 이인칭 사랑엔 기쁨이 날개를 펴나봐.

인생의 맛

환갑을 넘기며, 굳어 가는 몸의 유연성을 기르고 마음의 평정을 찾는 데 도움이 되리라 싶어 한동안 요가를 배웠었다. 수련의 시작은 늘 어설프고 힘겹다. 스승은 동작마다 따라오는 아픔에 절로 얼굴이 굳어지는 제자들의 표정을 보며 말씀하신다. "고통을 지그시 즐겨야 합니다." 그 말에 집중하여 아픔을 의식하자 조금은 견딜 수 있었다. 요가 동작은 숙련까지 끝없는 인내의 시험장이었다.

사람이 태어나는 순간에도 분명 힘들고 어려웠을 것이다. 그러나 그때 의식이 있었던가. 아기는 버둥거리며 울지만 학자들은 호흡을 트는 소리라 해석할 따름, 아가에게 물어볼 수 없다. 어미의 단말마 같은 고통을 알 뿐이다.

그렇게 시작하여 한 생을 건너는 동안 여러 갈래, 여러 깊이의 아픔을 겪는다. 질병과 사고로 오는 신체적 통증은 물론이고, 욕망의 좌절이나 소통의 단절에서 오는 정신적 고뇌도 만만치 않다. 숨을 거두는 순간까지 고통은 질긴 동반자다. 마침내 숨이 다하여 삶에서 놓인 사람의 얼굴에 평화가 서릴 때 보는 사람의 마음에 오는 한 줄기 안도는, 생의 피안에는 아픔이 없으리란 믿음 때문일 것이다. 평화와 자유와 기쁨이 상존하는 곳을 꿈꾸는 희망이 남은 자들을 위로하는 것이다.

우리는 흔히 살면서 부딪는 여러 경험을 혀끝에 느끼는 맛에 견주어 표현한다. 쓴맛, 단맛, 매운맛, 짠맛, 신맛. 오미(五味)라 불리는 맛을 감각으로 고스란히 불러와서 기쁨이나 행복, 패배와 절망, 실수나 오해, 시련, 역경, 고난을 은유로 드러낸다.

사람들은 달콤한 맛을 좋아하지만 몸에 좋다면 쓴 나물도 즐겨 먹는다. 봄철 별미인 고들빼기, 씀바귀, 민들레 등속은 쓴맛이 강한 편인데도 먹으려는 사람이 많다. 쓰고 시고 떫어도 적절히 조리하여 먹는다. 곰의 쓸개는 값비싼 명약으로 친다. 육체를 위해서 그러하다면 정신을 위해서도 가능한 일 아닌가. 고통이나 역경이 사람을 변모시킨다는 사실을 숱하게 보고 들었다. 어쩌면 삶 자체가 쓴맛을 삼켜야만 치유가 가능한 질병일까.

'통증을 즐기라'는 요가 선생님의 말은 내 의식을 깨웠다. 시고 짜고 매운, 고난과 신산스러움, 핍절과 상처, 오고 또 오는 삶의 통증을 조용히 받아들일 수 있게 되면, 짓눌리는 생의 압박감 속에서도 숨을 쉴 수가 있으리라. 모든 맛은 단지 혀와 목을 통과하는 순간의 느낌이니까. "그래 이 고통의 쓴 맛도 인생의 맛인 걸, 살아 있어 받는 축복인 거다." 중얼거리자 갑자기 겨드랑이에 날개가 돋아날 수 있을 것 같은 기분이 들었다.

라디오에선 「타타타」가 흘러나오고 있었다. "빈손으로 태어나서 옷 한 벌은 건졌잖소. 허허허." 웃는 가수의 목소리가 멀리 메아리쳐 나간다. 타타타란 여여(如如), '그러하다'라는 불가에서 사용하는 말이었다.

한 줌 흙으로 돌아갈 육신, 사는 동안 목에 넘겨야 할 고통의 경험들을 기꺼이 삼키리.

장미 연가

'장미' 하면 진홍의 화려한 꽃잎이 연상되지만 내가 만난 꽃은 연한 빛의 노란 장미였다. 이제 막 봉우리를 터트린 꽃에서 향기가 강렬했다. 친구의 집을 찾느라 골목길을 천천히 걷고 있는데, 길가 돌담 곁에 기대어 피어 있는 장미꽃을 본 것이다. 그 고운 모습에 이끌려 걸음을 멈추고 꽃 가까이 서서 숨을 깊이 마셨다. 세상이 잠시 사라지는 듯했다. 한 모금의 장미 향을 마셨을 뿐인데 천상의 한순간이었다.

19세기 에머슨은 '아름다움은 하나님의 필적(Beauty is God's hand writing)'이라고 했다. 지상의 모든 아름다움이 하나님의 필적이라면 그 맨 앞줄은 분명 꽃일 것이다. 꽃 앞에 서면 아직 인간을 포기하지 않으신 신의 사랑을 느낀다.

꽃이 식물의 생식기라는 사실은 어쩐지 생소하다. 식물의 생식기를 저토록 화사하게 만드신 의도가 무얼까. 식물의 입이라 부를 수 있는 뿌리는 땅속 깊이 숨겨 있는데, 인간의 입은 얼굴에 있다. 식물과 동물은 입과 성기의 위치가 서로 바뀌었다. 식물은 먹는 일조차 땅속에서 은밀하다. 그들에겐 배설이라는 더러움조차도 없다. 나무 곁에서 평화와 휴식을 느끼는 것은 식물의 청정함 때문일까. 물과 공기와 흙을 정화하는 식물은 동물들의 어머니이다. 꽃으로 피어 활기와 기쁨을 주고 열매와 줄기와 잎과 뿌리로 동물에게 양식을 준다.

눈으로 아름다움을 탐하고, 입에 맛있는 음식을 원하고, 귀에 고운 소리를 즐기고, 향기로운 냄새를 기뻐하는 사람은 막상 몸에서 나오는 모든 것이 추하다. 입으로 쉴 새 없이 탁한 기운을 토하고 대소변에서는 악취가 난다. 땀과 때, 눈곱이며 콧물, 가래, 손톱, 발톱, 어느 것 하나 아름답거나 향기롭지 않다. 씻고 또 씻어 누추함을 가릴 밖에.

인간도 식물처럼 무사기(無邪氣)할 때만 꽃처럼 어여쁜 자태와 향기를 뿜는다. 사람의 아가들이 꽃보다 아름답고 현자들의 삶이 거룩한 것은 무사기가 바로 그 이유이다. 꽃은 아무리 사랑해도 탈이 없는데 인간의 성은 어떤가. 프랑스의 조르주 바타유는 성애(性愛)를 '짧은 죽음'이라고 했다. 쾌락의 절정이 죽음과 같음을 빗댄 말이다. 허나 그 집착은 긴 죽음도 부른다. 성은 축복이기도, 재앙이기도 하다. 인간의 애욕은 절제와 인내를 통해서만 아슬아슬 품위를 유지해 간다. 장미 앞에 서서 동물인 내가 슬프다. 꽃이 되어 사랑하는 사람 곁에 피어날 순 없을까.

내 영혼을 고양시켜 준 장미에게 간절한 시선을 거두며 발길을 돌린 순간, 석가의 미소를 연꽃 같다 하고 솔로몬의 영광도 백합 한 송이만 못하다 했던 말씀이 스쳤다.

'축' 사망

크고 작은 인간사 중에서도 죽음은 돌이킬 수 없는 단절이며 상실이다. 친구의 노모가 피부암으로 얼굴이 손상된 채 오랜 투병 생활을 하고 있었다. 간병에 시달려 친구의 얼굴은 늘 그늘져 있었고, 그녀를 만날 때마다 안쓰러운 마음이 들었다. 결국 그분이 세상을 뜨자 친구들은 자신의 어깨 위에서 짐을 내려놓은 듯 안도감을 느꼈다.

그런데 조문을 간 자리에서 "축 사망이다, 얘." 한 친구가 속삭이자 갑자기 충격이 왔다. 죽음 앞에 '축 사망'이라니. 더러는 "그 사람 잘 죽었네" 하는 경우가 있더라도 속생각일 뿐 내어 놓고 축하를 표시하지는 않는다. 사자(死者)에 대한 최소한의 예의인 것이다. 우리는 자세를 가다듬고 짧지 않은 세월 동안 하루같이 효성을 다한 친구의 수고를 위로하고 말 못할 고초를 견디며 투병해 오신 노모님의 명복을 진심으로 빌었다. 죽음이 남은 자들의 축제가 된다는 것은 지극히 동물적인 행태이다. 자연에서는 어떤 동물의 죽음이 곧 바로 다른 동물들의 잔치 자리이므로.

사람에게는 임종의 순간까지 참회의 기회가 있다. 갈등과 한을 풀어 평화로운 죽음을 맞는 것은 아름답다. 십자가 위에서 그리스도와 함께 처형을 받던 오른편 강도는 과오를 뉘우치자 곧바로 구원의 약속을 얻었다. 『티벳 사자의 서』 역시 인간이 지상을 떠나는 순간에 지닌 의식의 상태가 영혼의 단계를 결정한다고 밝히고 있다.

치유 불능인 환자의 소원과 주변 사람들의 동의로 안락사가 고려되더라도 죽음의 과정을 통해 배워내야만 하는 영혼의 각성을 놓쳐서는 안 된다는 지적이 있다. 예컨대 『모리와 함께한 화요일』과 같은 정화와 소통의 시간을 소중히 여기라는 충언이다. 허나 그 일도 아무나 할 수 있는 작업은 아니다. 아직 나는 주변에서 그렇듯 감동적인 죽음을 만나지 못했다. 죽음이 축복임을 믿는 사람은 드물다. 고통과 슬픔이 끝나는 피안의 세계를 바라며 죽을 수 있다면 좋으련만.

교통사고로 어린 아들을 잃고 슬픔에 피맺혀 있는 엄마의 꿈속에 아들이 밝은 모습으로 나타나 "슬퍼 마셔요 엄마, 나는 정말 좋은 곳에 와 있어요" 했다는 이야기를 읽었다. 그 엄마의 기쁨과 안도가 어떠했을까. 살면서 다친 상처, 지은 죄와 허물이 치유되는 그런 나라로 가는 것이 죽음이라면 그것은 분명 은총이다.

눈 먼 사신(死神)이 아무나 데려가는 일만 없다면 죽음이란 싫어할 일만도 아니지 싶다. 비좁은 삶의 자리를 비워 주고 떠나는 일, 그 사람이 뿜어내고 있던 공해의 소멸이란 점에서 죽음은 남은 자에게 축복이 되는 거니까. '축 사망'이란 결국 맞는 표현일 수도 있겠구나 생각했다. 명료한 의식을 가지고 낡은 육신을 벗어나 가볍게 떠나는 길이라면……. 거기 더하여 죽음은 산 자의 각성을 돕는다. 누구든 죽음 앞에서 언뜻, 산다는 것의 의미와 무의미를 일별하는 까닭이다.

파도의 춤

오랜만에 탑동 방파제를 걸었다. 밀물이 발아래까지 닿아 출렁이는 바다는 아득한 데서 달려와 시야에 가득 찬다. 언제나 내 곁에 함께 오는 그대를 향해 팔 뻗어 손잡으려 했는데 빈손에 바람만 서늘히 어루만진다. 바람은 생명의 최초에 첫 숨을 주고 생의 마지막 숨을 거두어 간다. 바람과 바람 사이에서 삶이 춤을 춘다. 푸르러 눈이 시린 파도를 보며 바람의 애무에 몸을 맡기고 나를 향한 파도의 몰입을 헤아린다.

사랑이여 저 물결 넘실거리는 바다 위에

그대와 나 두 흰 새 되어지이다.

반짝 빛나는 유성, 채 사라지기도 전에

그 빛에 지치는 우리

이슬 젖은 백합 장미에서도

이 세상 권태는 오고 말 것을

– 예이츠, 「흰 새들」 중에서

바다 앞에 설 때마다 내 안에서 흘러나오는 시구, 예이츠는 생의 허무와 사랑의 갈원을 그렇게 노래했다. 지상의 장미와 백합이 덧없듯이 백조의 삶 역시 덧없을 것. 넘실거리는 푸른 파도 위에 떠 있는 흰 새의 모습이 영원인 듯 보였을까.

검은 가마우지가 남실대며 자맥질 치는 모습이 시야에 잡힌다. 먹이를 찾는 새의 몸짓이 춤이다. 생명의 춤! 내게 남겨진 그대의 잔영은 시간의 해일을 견디고도 남아 저 시인처럼 아득한 영원의 주변을 서성이다 간다.

해변음악제

해가 지고 나서도 더위가 가시지 않는 여름날 저녁, 탑동광장에서 해변음악제가 한 달 넘게 열리고 있었다. 젊은 날에는 늘 탈출하고 싶던 일상이었는데 이제는 중독이 깊어 마비되어 가고 있는 감성을 깨우고 싶었을까. 오랜만에 그 딱딱한 돌계단에 앉았다.

피아니스트 임동창 씨와 국악 명인 이생강 씨의 협연 무대, 동서양 음악의 만남이라는 이색적 시도가 마음을 끌었다. 대금, 소금, 퉁소, 단소를 자유자재로 다루는 이 선생의 음악적 기량은 놀라웠다. 그 피리 소리에 맞춰 열정을 다해 화답하는 임 씨의 피아노 소리에 온몸이 흔들렸다. 건반은 연주자의 손끝에서 파닥이는 물고기처럼 튀었다. "피아니스트의 손가락이 뛰어오르는 물고기와 같다"고 표현한 시구가 떠올랐지만 사실은 건반들이 펄떡이며 뛰고 있었다. 야무지고 힘찬 음정들은 에너지로 폭발하여 청중을 압도했다.

국악의 정서는 아무래도 한(恨)이다. 더구나 피리 소리는 탄식하듯, 읍소하듯 간장을 뒤흔든다. 헌데 임 씨의 탄력 넘치는 피아노 소리가 한으로 빠져드는 것을 불허했다. 흘러드는 한을 산산조각 내어 공중으로 날려 버렸다. 밝은 미소가 장내를 가득 채웠고, 이미 박수 칠 준비가 된 청중들은 열렬히 환호했다. 국악기로 듣는 「목포의 눈물」, 「썸머타임」, 「데니보이」의 섬세한 선율은 각별했다. 탄주자의 역량에 따라 소리의 울림이 이렇게도 다르구나. 감탄하지 않을 수 없었다.

청중들의 태도 역시 수준급이었다. 젊은 연인들, 아이들을 동반한 부부들이 태반이었는데도 소음을 내어 방해하는 사람은 없었다. 무대의 조명으로 겨우 어둠을 면한 아슴아슴한 청중석 여기저기에서는 아이들이 끊임없이 움직였고, 순간 어둠 속에서 그들의 모습이 지상을 뚫고 올라오는 수많은 새 생명들의 행진처럼 보여 가슴이 뜨거웠다. 삶은 단절되지 않고 영원히 이어져 가고 있는 것이다!

유별나게 뜨겁고 메마르고 바람조차 인색한 여름날 저녁 한때, 명인들의 탄주 소리가 내 심신에 활력을 주었다. 일어서며 올려다본 하늘은 밤바다처럼 짙푸르렀고 별들은 깊은 눈빛으로 지상의 향연을 축하하고 있었다. 나와 눈이 마주친 별 하나가 내게 묻는다.

"탄생에서 죽음까지 인생은 한마당 축제가 아닌가, 너는 어떤 모습으로 삶의 화음을 이끌겠느냐?"

호남의 자부심

그 바닷가에는 '若無湖南 是無國家'라고 쓰인 거석이 우뚝 서 있었다. "만일 호남이 없어지면 곧 나라가 없어지는 것이다"라는 이 장엄한 문구에서 호남의 그 응축된 기개(氣槪)가 서슬 푸르게 보는 이를 압도했다. 역사의 현장이 왜 보존되어야 하는지 새삼 깨달으며 감동에 젖은 채 발길을 돌렸다.

아직 겨울의 위세가 수그러들지 않은 2월 하순, 제주 탐라문화보존회에서 2박 3일의 짧은 일정으로 호남 서남부 유적지 답사에 나섰다. 그 마지막 코스로 명량대첩의 현장인 울돌목에 이르러, 이순신 장군의 전첩비 앞에 서자 가슴이 뜨거웠다. 풍전등화의 조국을 혼신의 힘으로 지켜낸 임진왜란의 영웅, 그 파란만장의 삶을 떠올리며 휘돌아 흐르는 물살을 바라보노라니 나도 모르게 눈물이 고였다. 단 12척의 전함으로

130여 척의 왜선을 맞서 싸웠던 우리의 수군, 결사항전의 결의를 다지는 군사작전의 조각상 앞에 서자 치미는 통곡을 어쩌지 못했다.

모함을 당해 모진 고문을 받은 후 피폐해진 심신으로 백의종군하라고 명했던 선조가 이순신 장군을 다시 삼도 수군통제사로 임명하였으나, 앞선 해전에서 원균의 함대가 참패함으로 삼도의 수군은 이미 괴멸되고 한산 통제영까지 빼앗겨 절망적인 상황에서 그의 심중이 얼마나 참담했으랴. 더구나 그 무렵 공은 이미 어머니를 여위었고 둘째 아들 면을 아산전투에서 잃은 후였다. 개인적인 슬픔만으로도 무너져 내릴 터였다. 그때 이순신 장군의 수군들이 목숨을 던져 이 나라를 지켜내지 않았다면 오늘 우리가 누리는 이 번영된 나라는 없었으리라.

마침 전시관에서는 울돌목의 세찬 물살을 이용하여 어떻게 적선을 물리쳤는지를 재현해 보여주고 있었다. 이순신 장군의 그 지혜, 그 용맹 앞에서 다시 한 번 흠모와 감사의 염(念)으로 차올랐다.

2001년 동인문학상을 수상한 김훈의 『칼의 노래』라는 소설 속에서는 역류의 사나운 물결을 헤치며 적을 유인하기 위해 출전하던 우리 수군의 정황을 이렇게 묘사하고 있다.

이물에 덤비는 역류의 물결은 사나웠다. 물결은 길길이 뛰면서 앞쪽에서 달려들었다. 배에 부딪힌 물결이 깨져나가면서 양쪽으로 소용돌이쳤다. 이물 쪽에서 흰 물보라가 칼처럼 일어나서 돛을 때렸다. 노를 질타하는 격군장들의 북소리가 다급해져 갔다. 북소리는 빠른 뇌고(檑鼓)로 바뀌었다. 노의 힘은 역류의 물결과 힘겹게 비기고 있는 듯했다. 바람이 잠들어 돛은 힘을 받지 못했다. 멀리서 안위의 배가 좌현 쪽으로 물결을 맞으며 비틀려 있었다. 몇 번의 물결이 때리고 지난간 뒤, 안위는 가까스로 이물의 방향을 수습했다. 시야가 자진하는 먼바다로부터 역류의 물결은 끝도 없이 밀려왔다. 물이랑과 이랑 사이에서 배는 부서질 듯이 비꺽거리면서 뒤로 밀렸다. 밀려나면서 물마루에 올라 탄 배는 곤두박질치며 다시 앞으로 나아갔다. 북소리가 더욱 빨라졌다. 격군들은 노 한 자루에 네 명씩 들러붙었다. 격군들은 두 명씩 마주 보면서, 서서 노를 저었다. 격군들은 몸 전체를 앞으로 숙이고 뒤로 젖히며, 팔다리와 허리와 몸통으로 노를 저었다. 배가 물이랑 아래로 곤두박질할 때, 북소리는 멈추었다가 다시 살아났다.

— 김훈, 『칼의 노래』(문학동네, 2012) 중에서

적을 끌어들이기 위해 아군이 먼저 격랑과 싸워야 했던 것이다. 왜군은 명량 수로를 지나서 서해안으로 수륙합동작전

을 펼칠 예정이었으나 이곳에서 참패하여 그들의 계획이 수
포로 돌아갔다. 이 해전은 국운이 위태로웠던 국면을 바꾸어
놓은 결정타였다.

울돌목은 해남과 진도 간의 좁은 해협으로 바다의 폭은
294m, 물결은 11노트(knot)의 조수. 힘센 사나이가 소리를 내
지르듯 '우-우-우' 하는 소리가 우는 소리로 들린다 하여 '울돌
목'이라 불렀다 하니, 바다라기보다는 홍수 터진 강물처럼 세
찬 물소리가 해협을 뒤흔든다. 바로 여기가 조국의 운명을 가
름한 그곳이다. 若無湖南 是無國家.

아, 호남이여!

호칭 유감

한 사람이 평범한 삶을 사는 동안에도 불리는 호칭이 하나만 있는 건 아니다. 가족 간에도 존재의 의미가 다양하니 호칭도 여럿으로 갈린다. 더욱이 사회적 업적이나 직함은 미묘한 차이가 있을 뿐 아니라 명예롭거나 멸시를 함의하기도 해서 어떤 호칭으로 불리는가에 희비의 감정이 엇갈리며 산다. 호칭에도 '아' 다르고 '어'가 다르다.

평소에 동쪽으로 도는 시내버스를 탈 일이 별로 없던 터라 정류소 표지판이 바뀐 사실을 모르고 지냈다. 지금 동광양 주차장은 예전엔 영동병원이었던 곳이다. 갑자기 어리둥절해져서

"기사님, 예전 영동병원 자리에서 내리려면 어디서 하차할까요?"

물었더니 몹시 퉁명스러운 답이 돌아왔다.

"영동병원 없어졌으니 내리는 건 할망 알앙 합써."

순간 감정이 꿈틀했다. 허나 그만한 일로 화를 낼 수가 없어 참았다.

오후 내내 기사의 말투가 걸렸다. 할망은 할머니의 제주 사투리다. 허물없는 사이거나 함께 늙어가는 마누라를 부르는 속어다. 낯선 사람에게 그 호칭을 함부로 쓰지는 않는다. 나이 들 만큼 들었으니 '할머니 소리 당연하다' 체념한 지 오래지만, 간혹 어쩌다 눈먼 사람이 아주머니라고 불러 주면 횡재한 느낌이 드는 속이 없는 사람인 탓에 기사가 내던진 불손한 말이 씁쓸했다.

그도 그럴 것이 후배들은 지금도 언니라고 다정하게 부르고, 선생님, 여사님, 하는 고마운 사람들이 있어 분수 모르고 살았다. 세상이 야박하기만 한 게 아니라서 이런저런 사회활동이 많았거나 무슨 직함이라도 가졌던 사람에게는 은퇴 후에도 깍듯이 호칭 대접을 해준다. 그런 기대를 했던 건 아니지만 이왕이면 다홍치마가 아닌가. "할머니, 영동병원 주차장이 동광양으로 바뀌었수다. 여기서 내립써." 했더라면 좋았을 것이다.

상대를 어떻게 불렀는가에 따라 반응의 차이를 보인 얘기 한 토막이다.

어느 양반이 푸줏간 앞에 가서 말했다.

"상근이, 고기 한 근 주게."

건네주는 고기를 들고 나오려는데 옆집 이 진사가 오더니

"여보게, 이 서방. 고기 한 근 주시게."

"아, 예, 나리님 여기 있습니다."

먼저 고기를 산 양반은 자기 것보다 이 진사 몫이 훨씬 많아 보여 "이 사람아, 왜 내 고기가 더 작아 보이는가?" 시비를 걸자 "아, 먼저 것은 상근이가 잘랐고요. 나중 것은 이 서방이 잘라서 그렇습니다." 능청스레 말하더란다. 사람은 누구나 존대 받고자 하는 본성이 깊다는 걸 보게 한다.

어쩌면 그날 기사는 승객에 시달렸거나 혹 전날 밤 마누라와 싸웠을지도 모르겠다. 남을 존대하는 것이 곧 자신을 존중하는 일임을 아는 경지까지는 쉽지가 않은가 보다.

계절은 어김이 없어 천지는 봄기운 가득하고 날아드는 방울새, 휘파람새 목청껏 우짖는데, 저들이야 무슨 호칭이 따로 있어 시시비비를 가릴까. 호칭으로 일희일비한다는 게 덧없는 인간사일 뿐, 누가 무어라 부르던지 내 속사람은 변함이 없는 것을…….

나는 나의 주인일까

　점심을 먹고 나서 시장을 보러 가는 길에서다. 어느 사이 느린 걸음으로 걷게 된 자신을 의식 속에서 느끼고 있었다. 빠르고 날렵하던 청춘의 기운은 다 어디로 갔을까. 내 몸의 변화를 바라보며 '대체 나는 내 몸의 주인일까?' 하는 의문이 일었다.

　잠시 전에 위 속에 들여보낸 음식은 시방 한참 빻아지고 있을 것이다. 음식을 선택해서 위에 들여보낸 것은 분명 나인데 그것들이 어떤 과정을 거쳐, 어떻게 소화되어, 어디로 어떻게 쓰이는지는 내가 모른다. 과학은 이미 몸의 대사 과정과 그 작동 시스템을 속속들이 알아냈다. 그래도 그 자율적 진행에 대해 내 의지가 개입할 수 없다. 심장이 뛰고, 혈관이 돌고, 날마다 수만 개의 세포가 죽고 생기고, 호르몬과 효소들이 협력하여 몸을 지탱해 간다. 뇌에선 미세한 조직과 기관들이 쉬지 않고 움직이고 있지만 내가 지시를 내릴 수는 없다. 몸은 자동 시스템이니까.

나이 드는 건 좋다. 늙어 가는 것도 괜찮다. 문제는 왜 늙는다고 몸이 허약해지는가이다. 대답이야 간단하다. 많이 썼으니 고장 날 때가 된 것이지. 그렇다, 이렇게 되도록 누가 나를 만들었다는 얘기가 된다. 내가 내 몸의 주인이라면 내가 원하지 않은 일이 일어나도록 방치할 것인가. 내게서 일어나는 변화들은 내 의지나 노력과는 무관하게 누군가에 의해 설계되었다고 생각할 수밖에 없다. 몸은 스스로 신나게 움직이다 문득 내 의사도 묻지 않고 늙고 병들고 사라지도록 만들어진 드라마일 뿐, 몸이 원하는 것을 들어줄 수밖에 없는 생명체는 어쩌면 몸이 주인일지도 모르겠다. 몸이 아프면 치료해야 하고 허기가 지면 먹어야 산다. 몸을 섬길 수밖에 없으니 내가 몸의 주인이 아니라는 건 확실해 보인다.

몸의 물리화학적 상황만 그런가. 외부에서 일어나는 여러 사안에 대해 판단하고 선택할 힘이 내게 있지만 그 일도 몸이 알아서 반응을 보인다. 남을 해롭게 하고서 편안한 사람은 없을 것이다. 또한 좋은 일을 하고 나면 기분이 좋다. 의도나 행위 뒤에 오는 감정조차 내가 조율할 수가 없다.

하지만 사는 동안 몸을 어떻게 쓸 것인지, 무슨 일을 할 것인지는 내가 선택한다. 몸을 소중히 여기든지 함부로 굴리든지 내 마음이다. 인간에겐 마음이 있어서 의지나 정서, 이성과 감정을 다스린다. 몸과 마음이라는 이분법적 호칭으로 우리를 지배하는 형체 없는 그것은 어디 있는가. 몸이 자기 질서를 따라 나를 지탱해 주는 것처럼 마음도 나와 상관없는 자기 원칙이 있다. 사랑이라는 감정이 핏속을 돌면 나는 대책이 없다. 자식을 사랑하는 어미의 마음, 정성을 다하는 자식에 대한 헌신은 내 의지를 벗어난 일이다. 감정과 정서 그 무형의 것들은 몸에서 일어나는 불가해한 현상이지만 몸을 쪼갠다고 보이는 것이 아니다. 그저 때맞춰 애증과 호오, 비탄과 희열이 우리를 이끌어 간다. 몸 속 어딘가에, 아니면 몸 밖 어딘가에 있는 컨트롤 타워에서 오는 신비한 힘이 우리를 인도한다고 믿을 수밖에……

애리조나 주립대학의 폴 데이비스 박사는 지금 우리가 지닌 생물학적 육체는 기인(奇人) 진화과정에서 필연적으로 거쳐 가야 할 중간 단계일 뿐이라고 했다. "우리가 외계인을 만난다면 그들은 Post biological의 존재일 것이다"라고. 그의 예견처럼 인간이 육체를 벗어난 의식만의 실체로 바뀌면 그때 나는 나의 확실한 주인이라는 의미가 되나. 만일 그 단계에서까지 우리의 의식이 누군가의 제어장치로 이끌린다면 우리가 신의 피조물임을 부인할 수 있을까.

21세기의 영적 스승이라 불리는 『의식 혁명』의 저자 데이비드 호킨스 박사는 『나의 눈』이라는 그의 저서에서 "인간의 육체는 애완동물"이라고 해서 미소가 절로 흘렀다. 사랑으로 돌보고 가까이 살아가지만 결단코 나 자신일 수 없는 육체의 속성을 이보다 더 잘 짚어 내기가 어려울 듯싶다.

오늘노 시장바구니를 들고 느린 걸음으로 고갯길을 오른다. 길가엔 유월의 기운이 대지를 흔들어 흙에서 솟아오르는 생명들의 아우성이 넘치고 있다. 생자필멸의 이치에 순응하여 한 세상 살지만 육체에 올인하진 말자 다짐해도 좋으리라.

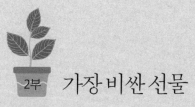

2부 가장 비싼 선물

가장 비싼 선물

"내가 존재하는 게 당신에겐 최상의 선물이야"

십여 분 동안 다리를 주물러 주다가 그만하겠다며 일어서 자 그가 툭 던진다.

존재 자체로 내게 선물이라니. 밀린 부엌일을 하는 내내 심 기가 편치 않았다. 그와 살아 내기 위해 치러야 했던 포기, 절 망, 인내, 헌신 그리고 체념, 도저히 계산할 수 없는 값을 다 어디다 두고 선물이라 감히 선언하는가.

"여보, 그 말을 내가 했다면 몰라도 당신이 그렇게 말하면 되겠어." 싸울 맘은 아니라서 조용하게 항변하자 "내가 죽고 나야 그 말뜻을 알지." 당당한 목소리로 돌아온 답에 더욱 기 가 막혔다. '당신의 존재가 최상의 선물이라거나 그대가 존재 하는 것만으로 충분하다'는 말은 상대를 향한 지극한 마음의 표현이다. 상대에게 자기가 그렇다고 들이댈 수 있는 말이 아닌 것이다.

선물이란 본시 값이 지불되지 않아서 대게는 반갑고 기쁜 마음으로 받지만, 엄밀하게 값을 지불하지 않은 선물은 없어 보인다. 대가를 바라고 오는 선물이면 후불할 지출서가 포함된 셈이요, 감사한 마음에서 보내왔다면 선불된 값이 있었다는 얘기다. 아무런 이유가 없는, 뜻밖의 선물은 무엇으로 보답해야 할지 고민하게 만든다는 점에서 갚아야 할 빚이기도 하다. 선물의 속성이 그렇더라도 각박한 세상에 선물은 윤활유가 되어 소통과 친밀을 가져온다. 때로는 감격하여 되로 받고 말로 건네주는 곱셈도 연출한다. 진실한 선물이란 이렇게 받는 사람의 감정을 흔들어 놓는 것이다. 그러나 그와 함께 사는 일이 너무도 힘들었다. 하기야 부부가 언제나 반갑고 즐겁기만 하다면 전생의 원수가 현생의 부부로 만난다는 이야기가 생겨날 리가 없었을 것이다.

죽음은 돌이키지 못할 상실이다. 어찌했거나 부부로 평생을 살다가 한 사람 먼저 보내고 나면 남겨진 자의 회한은 처절하다. 원수처럼 지냈을지라도 죽고 나면 싸울 사람도 필요했다는 진실 앞에 통곡을 한다는 데야. 해서 때로는 너무도 나를 몰라주는 상대를 향해 '내가 먼저 가야 저 인간이 가슴을 치겠지' 하는 바람도 품어 보지만 죽고 나서는 그 사람이 어찌는지 볼 수가 없으니 무슨 소용인가.

오래전에 「길」이라는 영화가 있었다. 추억의 젤소미나 역이 누구였는지 잊었으나 영화 전편에 흐르던 애조 어린 멜로디조차 선명하다. 떠돌이 서커스단에서 무뚝뚝하기 그지없던 남자를 사랑했던 여인은 그 남자의 학대와 무심에 끝도 없이 상처를 입고 슬픔에 절어서 지낸다. 그들이 흩어지고 세월이 흐른 뒤 시골 어느 해안가 마을에서 그 남자는 그녀가 부르던 익숙한 멜로디를 듣고 수소문해 보지만 자기를 사랑했던 그 여인은 이미 세상을 떠났다는 사실을 듣게 된다. 그때, 이 아둔한 남자는 그녀가 그에게 얼마나 소중한 사람이었는지를 깨닫는다. 회한에 몸부림치는 통곡을 내지르며 파도가 밀려드는 바다 속으로 내달리던 안소니 퀸의 연기는 압권이었다. 누군가를 향해 마음을 절이던 시절이라 나는 눈물을 흘리며 길을 걸었다. 언젠가 그도 내 마음을 알 때가 있을 것인가.

그렇게 깨우침은 언제나 지각을 한다. 살아 있는 동안에 알았다면 좋았을 진실을 떠나고 나서야 알게 되는 것이다. 죽은 뒤에야 한 인생이 선명하게 보인다는 것은 비극이다. 상대가 살아 있는 동안은 언제나 내 필요가 앞을 가려 그 사람이 보이지 않는다. 고맙다, 수고했다, 미안하다는 말에는 인색하고 자기 뜻에 거슬린 점만 크게 보여 탓하며 비난하기 쉽다. 내가 부족해서지만, 한다고 하는 데도 늘 모자란 점을 찾아내 꾸짖는 내 남자는 아무리 생각해 봐도 요즘 세상에선 간이 좀 큰 편이지 싶다.

아침나절 해프닝은 시간이 흐르며 녹아 내렸다. '그래, 선물이라 하지 뭐.' 당당한 그의 주장을 인정해 본다. 요구사항이 이따금 힘겹더라도 아직 살아 있어 고맙다. 이 가파른 삶에서 그는 내 인생의 한 축이었고 자신의 책무를 다한 충직한 파트너였다. 비싼 대가를 지불하면서도 선물일 수 있는 관계란 사랑이 아니겠는가.

하나님도 삶이라는 선물 속에 얼마나 많은 고난을 감추고 계신지.

결혼 그 결별

이십여 년 키운 호두나무 한 그루를 힘들게 옮겨 심었는데 죽어 버렸다. 그것도 겨울에 나무를 옮기는 게 아닌데, 후회막심이다. 내 나이 역시 겨울로 접어든다.

평생을 의좋게 산 부부가 있었다. 부인이 먼저 세상을 떠나자, 이웃이 찾아와서 위로의 말을 건넸다.

"할아버지 얼마나 마음이 아프셔요. 그렇게도 사이가 좋으셨는데."

"그렇소, 몹시 슬프지만 그러나 이제 난 자유의 몸이오. 내가 그녀를 사랑한 건 사실이오. 그러나 그녀가 여행을 싫어해서 집에서만 지내는 게 힘들었다오. 이제부턴 내 마음대로 어디든 떠날 생각이오."

슬픔보다는 홀가분함이 노인에게 활기를 주고 있었다. 그는 당장 집을 팔아 여행용 새 차를 사고 휘파람을 불며 전국을 누비다 여정에서 만나게 된 젊은 여자와 새 삶을 시작했다는 해피 스토리다.

희수의 노부부가 이혼을 해서 세간의 화제로 떠올랐었다. 할머니 편에서 소송을 하고 승소했다는 소식이다. 살아오는 동안 쌓인 응어리가 많은 데다 늙어서까지 딴짓을 하는 남편이라면 누가 함께 살려고 하겠는가. 사람들의 의견은 두 갈래로 나뉜다. '그 나이에 무슨 이혼까지' 하는 편과 '하루를 살아도 맘 편히 살아야지' 하는 편이다.

부부란 사랑하든지 아니든지 서로에게 굴레이고 속박임을 보여주는 이야기들이다. 억지로 묶여 사는 사람들이 적지 않은 것이다. 이혼할 용기가 없어서 그럭저럭 지내고 있는, 마음으로는 이미 남남이나 다름없는 경우도 더러 있는 것 같다.

생의 구비마다 우여곡절 겪으며 한두 번 이혼을 생각해 보지 않은 사람은 없을 것이다. 나 역시 때때로 헤어지겠다고 마음먹곤 했다. 물론 아이들과 그의 인내가 내 발목을 잡았다.

만나고 헤어지는 일이 수월해진 시대다. 그래도 이혼의 후유증은 가벼워 보이지 않는다. 상실감과 불편함은 제쳐 두고라도, 오랜 시간 함께 섞이며 살던 정은 쉽게 끊어지지 않을 것이다. 결혼의 습성도, 땅에 뿌리 내린 나무들처럼 깊이 뻗은 뿌리를 자르고 나면 상처가 쉽게 아물지 않는다. 거뜬히 회복하여 더 무성하게 더 푸르게 성장하기도 하지만 영영 치유가 안 되는 나무도 있다.

어제 저녁은 마누라가 세상을 뜬 남편 친구가 새 사람을 선보이는 자리에 다녀왔다. 남자는 재혼의 희망으로 들떠 보였지만 그의 새 부인은 낯설었다. 유난히 밝고 상냥하고 살림 잘하던 전 부인의 모습이 삼삼히 떠올랐다. 남편도 별로 편치 않았는지 귀가하는 차 속에서 가라앉은 목소리로 말했다.

"그러니까 당신은 나 먼저 죽으면 안 돼."

그게 마음대로 되는 일일까만 이러는 남편을 두고 이제 이혼은 생각하면 안 되리라. 희끗희끗 백발이 섞여가는 머릿결을 단정히 빗어 넘기고 있는 그의 뒷모습이 오늘따라 어여쁘다.

결혼엔 왜 정년이 없지

아침 한 나절 텃밭에 잡초를 뽑는 일이 일상이 된 여름 어느 날, 산행에서 돌아온 남편이 점심을 달라고 하자 지쳐 있던 내가 불쑥 한마디 했다.

"언제까지 당신 밥상 차려야 하는데."

뜻밖의 소리에 기습을 당한 듯, 멍하니 쳐다보더니 "당신은 밥 안 먹어?" 어이없다는 투로 말을 받았다.

"나야 장아찌나 찌개 하나면 충분해요."

"그럼 나도 당신처럼 먹으면 되겠네."

평소 같으면 웬 망발이냐고 화를 낼 터인데, 기죽은 답이라니……. 사람이 변하면 겁이 난다. 나는 일어나서 밥을 차렸다.

그가 최전방 수색대에서 힘에 부치게 군 생활하고 나서 결핵을 앓을 때, 내가 먼저 결혼하자고 했다. 그렇게 시작하여 남편은 늘 밖으로 돌고 집안일은 언제나 내 몫이었다. 일도 안 해본 내가 농부로 살았다. 고단하고 힘든 여정이었다. '고단하고 힘든 여정', 이 짧은 한마디 속에 한 생이 녹아 있다는 걸 누가 알까.

그는 아홉 남매의 맏아들이다. 시어머님은 딸 셋을 내리 낳으시다 첫 아들을 순산하고 얼마나 기뻤던지 춤을 추고 싶으셨단다. 아버님이 독자였던 탓에 가슴을 조이며 살아오셨던 것이다. 온 친척의 축하를 받으며 애지중지 키웠다. 그는 어부와 해녀인 부모님 밑에서 싱싱한 해산물로 호강을 누리며 자란 탓에 입이 까다로운 편이다. 그 비위를 맞추느라 내 젊음이 녹초가 되었다. 요즘 들어 나는 이따금 투정을 부린다.

"나 이제 그만할래. 당신이 마누라 밥 한번 해줘 봐요. 아니, 당신 밥이라도 챙겨 먹어요."

"내가 할 줄 아는 게 있어야지, 그만하겠다는 소리 그만 좀 해."

오늘 이전의 남편은 이처럼 늘 큰소리였다. 그래서 속으로 궁리하고 있었다. '결혼엔 왜 정년이 없지?'

쉽게 갈라서는 세상이 되었지만 우리 세대에 이혼이란 아무래도 불편한 정서다. 살벌한 관계로 헤어지기는 그렇고, 그냥 검은 머리 파뿌리 되도록까지 말고 결혼해서 몇십 년 살면 그만둬도 된다는 조항 하나, 서약서에 첨부하면 안 될까. 둘이 더 살겠다면 그만이고 자식들 다 키운 후엔 마음 편하게 따로 살아도 되는 뭐 그런 세상이 있다면 정말 좋을 텐데…….

헌데 그게 아니었다. 어느 날 그가 산행에서 미끄러지며 머리를 다쳤다는 소식을 듣고 응급실에 달려갔다. 피범벅이 된 셔츠를 보자 가슴이 쿵 소리를 냈다. "얼마나 다쳤으면 저 모양인가." 심장이 뛰고 피가 마르고 목이 탔다. '저 사람을 두고 정년이라니.' 가당치도 않은 꿈을 품은 내가 한심했다.

누가 이 이치를 깨우쳐 부부란 일심동체라 했나. 비록 정겹게 살지는 않아도 그가 아프면 내가 더 아프고, 그의 목숨이 내 목숨보다 더 소중하다는 걸 느끼게 하는, 부부란 인연의 질긴 끈인 것을.

그가 무심히 손에 신문을 들고 있거나 책상 앞에 앉아 글을 쓰거나 이따금 그에게 내 눈길이 가면 나는 속으로 중얼거린다. '그래, 저 자리에 어느 날 그가 없다면, 내 인생이 얼마나 적막할 것인가.'

그 좋은 일

텃밭을 일구느라 아침 한나절을 보냈다. 잡초를 뽑고 돌을 골라내고 거름을 묻고 두렁을 만들고 나니 허리 아프고 어깨 뻐근하고 몸이 아리기 시작했다.

"안 되겠어, 그만 해야지. 텃밭에 목숨 걸 일 있나." 손 털고 일어서 부엌에 돌아와 밥 한 술 뜨고 난 후 커피 한 잔 들고 남쪽으로 튼 창을 열어 한라산을 바라보며 휴식의 안온함에 취해 있었다. 새벽 내 교육방송을 듣던 남편이 산책하려고 나서며 의자를 비워달라는 손짓을 했다. 허리 굽히기가 부담스러워 그는 늘 의자에 앉아 구두를 신는다. 이럴 경우 얼른 일어서 자리를 내주는 게 습관인데, 이날은 몸이 말을 듣지 않았다.

"여보, 나 안 되겠어. 그냥 신어 봐요."

"이제 당신에게 양보하고 희생하는 거 그만하고 싶어."

안 해도 좋을 소리 한마디가 더 나가자, "뭔 소리야 얼른 일 어나!" 이래야 그다운 어법인데, 웬일로 부드럽게 툭 말을 던 졌다. "아니 그 좋은 일(희생과 헌신)을 안 하면 천당은 어찌 가 려고?"

순간 허를 찔린 웃음이 차올랐다. 버티고 앉은 내 어깨를 짚더니 겨우 신발을 신은 그가 나가자 참았던 웃음이 터졌다. 한참 웃고 나니 생기가 돌았다. 웃음은 명약이라는 말이 맞 다. 피로가 싹 가셨다.

시골에서 자랐지만 그는 노동과는 거리가 멀다. 라디오를 듣고 책을 읽고 글을 쓰느라 하루가 짧다. 무슨 명작을 남기 려는지 하루 서너 시간 컴퓨터를 떠나지 않는다. 함께 오손도 손 텃밭 일을 하고 싶은 내 마음은 늘 외면당하고 만다. 언젠 가 내가 먼저 떠나고 나면 그때 그가 후회할까.

하늘의 별이라도 따올 듯하던 열정이 스러지고 나면 아무 리 귀하게 자란 공주과 출신이라도 별 수 없이 남편의 시중을 들고 아이를 키우며 지루하고 고달픈 일상을 겪어야 한다. 막 이 내린 무대는 황량하다. 험한 인생 살고 싶은 사람이 어디 에 있을까만 가사라는 게 어쩌면 '시지푸스의 노역'이다. 날 마다 되풀이되는 일은 끝이 없다. 한다고 줄어드는 일이 아닌 것이다. 주부가 직업을 가지고 혼자 집 살림도 잘해내기란 쉽지 않다. 남편은 깔끔하게 정리된 집안을 바라지만 나는 늘 그의 기대를 채우지 못했다. 어지러운 풍경이 거슬리면 그의 언성은 높다. "이것도 안 치우고 도대체 뭐한 거야."

어린 시절 솜씨 좋은 우리 엄마는 딸이 시킨 일을 잘해내지 못하면 "비켜라, 내가 하마" 물리치곤 하셨다. 덕택에 들에 나가 나물 캐고 집 밖에서 친구들과 마냥 뛰어놀며 자랐으니, 살림에 서툰 이유가 될까만…….

남자가 퇴임하면 부드러워진다는 말도 허전이었다. 퇴임 후 그는 행여 아내에게 고개를 숙이게 될까봐 중무장을 해제하지 않았었다.

오늘 아침 비로소 그에게서 팔팔하던 세가 꺾이는 기미를 느낀다. 이미 팔순이 눈앞이다. 그의 말에 가슴 밑바닥에서 웃음이 올라오던 게 무리가 아니었다. 세월 앞엔 장사 없나 보다. 자리를 내어주지 않았는데도 온순한 모습으로 집을 나서는 그의 등이 안쓰럽다. 돌아보면 거친 마누라와 살며 겪은 그의 고충인들 얼마나 많았을까. 참고 살아준 그의 인내가 새삼 고맙다. 내가 아니라면 저 내려서는 길목을 누가 지키리. 어차피 '그 좋은 일'은 내 몫일 것을.

속으로 혼자 중얼거렸다. '오늘 하루도 아름답구나.'

남편 사랑

한동안 집을 비운 사이 도적님이 들어와서 값나가는 물건들을 깨끗이 털어 갔다. 그녀는 넋이 나가 주저앉았다가 해외 출장 중인 남편에게 전화를 걸어 울먹이며 상황을 알렸다. 남편은 침착하게 말했다.

"여보, 진정해. 괜찮은 이유가 세 가지나 돼요.

첫째, 당신이 없을 때 도적이 들어, 당신이 무사하다는 점.

둘째, 그 물건들은 애초에 도적의 것인데 당신이 보관하고 있었을 뿐이라는 점.

셋째, 잃어버린 보석이나 명품들보다 당신은 나에게 더 빛나는 보석이고 명품이니 걱정할 게 없다는 점."

그녀는 가슴을 쓸며 안도했다. 그 후로는 보석이나 장신구, 값나가는 가재도구에 관심을 잃어, 집이나 몸치장을 하지 않게 되었단다. 그녀는 '무엇 때문에 도적님의 물품들을 보관하며 살 필요가 있겠냐?'고 정색을 했다. 아내를 달래던 그 남편은 감동이었고 화사한 얼굴에 단아한 몸매인 그녀의 고백은 삶의 허실을 깨우친 겸허함이 돋보였다.

황동규 씨는 「버클리 풍의 사랑노래」란 시에서 남자의 사랑은 거창한 무슨 이벤트가 아니라 설거지나 빨래 널기 같은 사소한 일상으로 완성되는 거라고 잔잔하게 노래하고 있지만, 더러 큰 문제가 터질 때 '걱정하지 말라고, 당신이 이 세상에서 가장 소중한 존재'라고 다독여 주며 품어 사는 남편의 사랑은 참으로 깊구나 생각했다.

이삼십 년 긴 세월 서울을 오가며 병든 아내를 고쳐보려고 온 마음을 다 바친 남편이 있었다. 팔팔하던 젊은 아내가 어느 날 갑자기 쓰러져 혼수상태에 빠져버린 기막힌 상황에서 십수 년을 지극한 보살핌으로 아내 곁을 지켜 온 남편도 있다. 자동차 사고로 중상을 입어 온몸이 마비된 아내를 돌보며 짧지 않은 세월을 온갖 정성 다 쏟아 함께 살아 낸 남편도 있다. 하늘이 낸 열부(烈夫)들을 생각하면 그 긴 인내가 사랑이었음에 눈물겹다.

그러나 보통의 남편들은 아내들을 속 썩인다. 내 젊은 날은 오로지 자기 일에 매몰되어 가정사는 뒷전인 내 짝에게 목에까지 차오른 불만을 터뜨리며 "더는 못 산다"고 대들었었다. 그럴 때마다 "그래, 그러자"고 대꾸한 적이 없는 그의 질긴 끈이 나를 살도록 했을 것이다. 이 남자를 버리고 헌 여자인 내가 어디 가면 별다른 사람 만날까 슬며시 주저앉곤 했다. 생의 굽이굽이마다 산처럼 든든하게 버티어 낸 그의 의지와 노력이 험난한 비바람을 막아 낸 내 삶의 집이었음을.

친정어머님은 서너 번이나 새 여자를 데려와서 자신을 쫓아낸 아버지가 다시 부르면 말없이, 알맹이 몽땅 빼내 가버린 가재도구를 채우며 조용조용히 살다 가셨다. 어머니의 일생을 떠올리면 '저 사람이 내 아버지보다는 백배 낫지' 속으로 나를 달래곤 한다. 이따금 딸들이 사위와 삐걱댈 때, 묻는다. "그래도 아버지보다는 네 남편이 훨씬 낫지?" 애들은 하나같이 고개를 끄덕인다.

가족이 흡족할 만큼 헌신하고 오로지 아내만을 사랑하여 한 생을 살아 낼 남자가 어디 쉬울까. 허나 윗대 여인들의 한과 슬픔을 떠올리면 요즘은 가히 천국에서 산다고 할 만하다. 돌아보면 아내들도 남자인 그들이 원하는 만큼 완벽할 수가 없는 것을. 음식 솜씨 좋고, 나긋나긋 순종하며 집안을 정갈하게 유지하고, 친인척 관리 잘해서 화목하고, 무엇보다 그네들 가슴이 출렁하도록 몸매를 가꾸며 사는가. 어림없는 소리다. 기특하게도 내 허물은 그의 허물보다 훨씬 더하다는 걸 생각했다.

남편들이여 우리는 안다. 밖으로 살벌한 경쟁사회 속에서

시달리고 안으로 철없는 아내들의 잔소리에 치여 사는, 그대
들의 수고와 인내와 사랑이 있어 세상의 모든 아내들이 활개
치며 살아갈 수 있다는 것을!

노년의 화해

멸치와 다시마, 무 한 토막과 양파 한 조각을 끓여 국물을 뽑은 후에, 삶아 건진 콩나물과 두부를 넣어 삼삼하게 된장국을 끓였다. 잔 파를 썰고 맵싸한 청양 고추 조각도 함께 띄웠다. 한 수저 맛을 보던 남편은 밥을 뜨기 전에 국 한 사발을 먼저 비웠다. 음식을 만든 보람이 밀려왔다.

이럴 때 "국 맛이 괜찮군!" 정도의 감탄을 해준다면 좋을 텐데, 그는 말이 없다. 잘했다, 맛있다, 수고했다는 등의 고마움을 표현하지 않는다. 그 말 한마디가 아내를 감동시킨다는 것을 모른다. 풍자와 해학으로 유명했던 마크 트웨인은 "칭찬을 한 번 들으면 두 달은 버틸 수 있다"고 했는데. 잘못을 지적하기는 정말 잘하면서 칭찬은 왜 그리 어려울까. 약점과 실수에 초점을 맞추기만 하면 불행이 안방으로 들어온다는 걸 모른다. 결혼 서약에서 하루에 한 가지씩 서로에게 감사할 일을 찾아내기로 약속했다는 어떤 젊은 부부의 이야기를 듣고 그들의 현명함에 탄성이 나왔다.

가정에서는 모든 일이 잘 돌아가고 있으면 주부의 수고는 당연시된다. 하지만 뒤엉키는 날에는 영락없이 "도대체 당신 뭐하고 있었어?" 화살이 꽂힌다. 남편은 아내가 늘 슈퍼우먼이기를 바란다. 이것도 저것도 완벽하기를.

아내라고 항상 의욕이 넘치거나 활기가 차오르는 게 아니다. 가사가 싫고 힘겨울 때가 있다. 남편이 밉고 심사가 뒤틀리기도 한다. 주부가 하는 일이 한두 가진가. 주택 관리, 세탁, 청소, 요리, 육아, 때로 간병인, 친인척 간의 외교 채널도 살펴야 한다. 그 모든 일을 항시 즐겁게 처리하기란 어렵다. 아내란 버튼만 누르면 작동하는 기계일 수가 없는 것이다.

한창 여성해방 운동이 드세게 일던 지난 세기 중엽에 반여성해방 운동을 선도해서 20세기를 빛낸 여성의 한 사람이 된 미국의 모건 여사는 가정의 행복이 얼마나 중요한지를 깨우치며 4A(Accept, Adapt, Admire, Appreciate)를 주창했었다. 상대를 수용하고 적응해 가며 칭찬하고 감사하라. 그녀는 커리어우먼들 때문에 열등감을 느끼며 가정일에 매달려야만 하는 평범한 주부들의 스트레스를 풀어주었다.

여성에게 사회적 기회가 열려 있는 오늘날은 여성이 가정을 꾸리며 전문직을 갖기도 하고 경제 일선에서 뛰기도 한다.

남편의 사업이나 출세를 위한 후원자 역할도 맡는다. 한 여자의 가녀린 어깨 위에 지워진 짐이 결코 가볍지 않은 것이다.

한 가정을 꾸려가고 있는 아내도 자기 집에서는 철없던 딸이었다. 시행착오를 거쳐서 주부로 자리 잡아 가고 있을 뿐이다. 인내를 강요당했던 예전과 다르지만 그래도 살아 내려고 애쓰는 주부가 훨씬 더 많다.

『말을 듣지 않는 남자 지도를 읽지 못하는 여자』의 저자는 남성과 여성은 근원적으로 별개의 존재라고 말한다. 진화 과정에서 맡은 역할을 잘해내기 위해 각기 다른 특성으로 발달해 왔다는 것이다. 남녀는 서로 판이하게 다른 호르몬의 지배를 받는 존재라는 점을 강조하고 있었다.

된장국에 밥 한 그릇을 다 비우고 후식으로 내놓은 토마토 조각까지 만족하게 먹고 일어서는 그가 새삼 믿음직해 보인다. 연구실로 나서는 그의 발걸음이 가볍다.

풍파가 적지 않았던 인생의 항해는 어느새 종반에 접어들었다. 하선해야 하는 내항(內航)에 가까이 다가서는 지점쯤에서, 여성과 다를 수밖에 없는 남성 일반의 성향을 조금씩 수용하고 있는 셈이다. 그의 과묵, 자기중심, 주변의 고통을 감지하지 못하는 감정적 공황, 이 모든 것이 호르몬 탓이라는 데야 어쩔 것인가. 사랑은 미추(美醜)와 호오(好惡)를 넘어서는 곳에서 비로소 가능한 화해인가 보다.

뉴멕시코의 앨버커키에서

만학의 딸이 손녀와 함께 미국에 머물고 있었다. 서남부 넓은 평원에 자리한 앨버커키는 고요하고 평화로운 도시다. 기숙사가 밀집해 있고 서민들이 사는 학교 주변엔 멕시코 풍의 붉은 사각의 토담집이 야트막하게 늘어서 단조롭다. 물론 시내 중심가는 서부극에서 보았던 술집들이 즐비하여 지금도 어느 모퉁이에선가 총소리가 들릴 것 같았다. 뉴멕시코 주립대학이 이곳에 있어 젊은이가 넘치고 오고가는 그들로 인하여 거리는 활기차다.

재미있는 현상은 학생들 상당수가 스케이트보드를 타고 힘차게 내달리고 있는 광경이었다. 기숙사에서 대학까지 그리 멀지 않으니 그게 통학 수단이다. 자전거도 많이 타고 덜덜거리는 자동차도 의젓하게 거리를 질주한다. 깨진 차창을 종이박스로 막아 놓거나 낡히고 녹슨 차가 부지기수라는 건 경이로운 풍경이었다. 한국의 거리에선 눈 씻고 봐도 볼 수 없는 진풍경이다. 그들의 의복도 소탈하여 잘 차려입고 목에 힘을 주는 사람이 보이지 않았다. 더구나 대학 구내에는 여기저기 거의 육칠십 대로 보이는 할머니, 할아버지가 돋보기를 낀 채 독서에 열중하고 있어 만학의 열기를 실감케 했다.

그들을 보며 환갑을 넘기자 이미 노인이라는 정신적 열패감을 느낀 내 자신의 조로증을 심각하게 자책했다. 이 나라는 나이가 별 문제가 되지 않는지 백화점 계산대에도 은발의 할머니들이 립스틱 짙게 바르고 명랑한 모습으로 앉아 있었다. 여군에 입대했다가 미국에서 학업을 계속하여 교수가 된 선배가 60대 초반에 제주대학 의대 객원교수로 초빙되어 이 년쯤 고향에 머물렀었다. 노후를 고국에서 보낼까 하는 마음도 있었는데 나이를 너무 의식하게 만들어서 도저히 적응할 수가 없다며 도미해 버렸던 기억이 났다. 한국은 노인들을 폐차 취급하는데, 왜 그런지 까닭을 모르겠으나 원인 제공자가 노인들 자신이 아닌지 성찰할 필요는 있을 것 같다. 젊은 세대에게 짐이 아니라 도움이 되는 존재로 산다면 싫어할 이유가 없을 것이다.

저녁 여섯 시가 되기 바쁘게 해가 기우는, 시간의 중압을 밀쳐내며 기숙사 구내를 산책하러 나섰다. 중국 유학생이 다수를 점유하고 있는데 그들에게선 소음이 없다. 대부분 책상에 앉아 책을 읽거나 PC 모니터를 들여다보는 모습이다. 중국은 인구가 수억을 헤아려 세계 도처에 나가 공부하고 연구하는 젊은이들이 압도적으로 많아 보인다. 이들 젊은 지성들이 미래의 중국을 이끌어 가리라 생각하니 부럽고도 두려웠다. 기성세대나 젊은 세대나 허욕에 들떠 있는 내 나라가 걱정스러웠다. 세계 유례가 없이 빠른 성장을 하여 세상을 놀라게 한 대한민국인데 발밑이 위태로워 보이는 까닭이 뭘까. 저 차분하고 조용하게 모니터를 들여다보는 중국의 젊은이들 앞에서 고국을 염려하는 노파심에 잠시 마음이 어두웠다.

기숙사 구내를 몇 바퀴 돌고나서 언덕의 마른 풀 위에 앉았다. 종일 빛과 바람에 건조해진 풀들이 바스락거리자 향긋한 풀 냄새가 코끝에 닿는다. 다리를 뻗으며 잔디에 누웠다. 등 밑에 마른 풀의 감촉이 기분 좋게 전달되어 온다. 서서히 몸속으로 피어오르는 평안, 생의 순간들을 잘게 쪼개면 불행은 없다고 누군가 말했다. 과거와 미래가 존재하지 않는 순수한 현재엔 불행이 없다고. 과거의 기억과 그 기억에 동승한 감정들에 시달리고, 미래에 대한 욕망과 그 욕망을 부추기는 담금질에 몰입되어, 현재란 단지 과거와 미래의 교차점일 뿐, 삶의 순간마다 시간의 틈새로 섬광인 듯 오는 지복(至福)을 놓친다고 했다.

알프스의 소녀처럼 잔디에 누워 저녁 하늘에 떠 있는 구름을 보는, 지상의 한 지점이 그냥 그대로 거칠 것이 없는 자유였다. 향수가 감겨 왔지만 갈증이 아니었다. 입안 가득한 과즙 같은 감미로움, 겨울 난로가에 번지는 훈기처럼, 아니 찰랑이며 솟는 샘물처럼 그리움은 결핍이 아니라 어떤 절정감이었다. 연인의 손길인 듯 볼을 스치는 바람조차 부드러워 낮에 읽었던 인디언 추장의 말이 떠올랐다. "바람은 삶의 최초에 첫 숨을 주고 그 마지막 숨을 거두어간다."

아! 흙으로 사람을 빚어 코에 생기(바람)를 불어 넣으셨다는 창조의 시원이 여기에도 있었다. 어쩌면 목숨은 물과 바람의 정령이다. 사랑의 감정이 혈관에 실리면 바람이 분다. 바람의 에너지가 핏속을 따라 돌기 시작하여 누구도 그 열정을 제어할 수가 없다. 사랑은 인간을 흔드는 바람인 것이다. 바람의 위력 앞엔 대책이 없다.

모든 존재가 바람의 통로가 되어 들숨과 날숨을 쉬는 동안 이 생인 것을. 방금 네 심장을 돌아 나온 바람이 이제 내 허파 속으로 지나가고 있음을 아는가. 그것은 새와 들짐승과 나무들의 몸을 거쳐 다시 네게로 가고, 내게로도 온다.

온갖 생명은 바람으로 하여 하나 됨이다. 같은 재질로 빚어진 서로 다른 형상일 뿐. 먼 이국의 하늘 아래서 가슴이 탁 트이고 있었다.

동서를 보내며

60을 갓 넘긴 건강한 동서가 뇌출혈로 세상을 떴다. 한 번도 어디가 아파서 고생한 일이 없는 씩씩한 여인이었는데, 허망한 심정을 가눌 수 없었다. 영안실은 달려온 친지들로 붐볐고 아주버님은 울고 울어서 부어오른 얼굴로 앉아 있었다. 가난한 집안의 셋째 며느리로 시집와 위아래 다독이며 고생 고생하던 아내 모습이 그의 뇌리에 가득 차 있었으리라. 한복 곱게 차려 입고 화사하게 미소 짓는 영정을 보자, 생과 사의 간격을 도무지 실감할 수 없었다.

평소 그녀가 다니던 사찰의 스님은 정성을 다해 명복을 기원했고 목탁과 함께 울려 퍼지는 청정한 독경 소리는 명계(冥界)에까지 닿는 듯했다. 그 소리는 침울함에 빠져 있는 산 자들의 마음에도 위로가 되었다. 쌀쌀한 이른 봄인데 하늘은 푸르고 햇살은 밝았다.

장례식은 절차를 따라 무사히 끝났지만 아직 체온이 남아 있을 것 같은 동서를 차디찬 땅속에 뉘어 놓고 돌아서는 발걸음은 무거웠다. 살아가야 하는 냉엄한 현실이 막막했다. 며칠 지난 후 아주버님에게 위로의 전화를 건네자 "어쩝니까, 견디어 갈 수밖에……" 울먹이며 말했다.

어느 날 술에 취해 새벽에 귀가한 남편이 "버선발로 뛰어나와 반기지 않는다"며 투정을 부렸다. 전엔 얌전히 자리에 눕기부터 하더니, 참아 주는 마누라가 만만해 보였나, 혹 술자리의 고조된 기분이 삭지 않았을까, 화가 나려고 하는데 그가 한마디 보탰다.

"나는 당신의 임종을 보는 게 소원이고, 당신이 내 임종을 보는 게 소원이야."

순간 동서의 죽음 앞에서 혼이 나간 듯 앉아 있던 아주버님의 얼굴이 떠올랐다. 내가 눈을 감을 때 곁을 지키고 싶다는 그의 말은 사랑한다는 말보다 몇 배나 무겁게 가슴을 쳤고, 내 곁에서 눈을 감고 싶다는 그의 토설이 코끝을 찡하게 했다. 사별까지 감당하고자 하는 것, 그것은 한 사람에 대한 진정일 것이다. 나는 숙연해져서 그가 아무렇게나 잠들어 버려 깔린 이불자락을, 그의 허물을 덮듯 여미었다.

딸의 출산

내가 딸을 낳았을 때 처음 느낌은 슬픔이었다. 출산의 질곡을 견뎌야 하는 여아의 운명이 아팠던 탓이다. 아기는 어미의 뼈가 뒤틀리고 살이 찢기는 아픔을 통해서 오지만 그러나 샘솟는 기쁨으로 우리의 가슴을 채운다.

미국에 체류하고 있던 딸이 둘째 아이를 출산하게 되었다. 예정일을 20여 일 앞두고 만삭인 딸을 돕기 위해 그곳으로 갔다. 임신은 '아기 씨앗'이 정착하는 3개월 무렵에도 입덧을 하며 고통스럽고 산달이 가까워 만삭이 되면 더욱 힘든 나날이 된다. 누워도 앉아도 불편하고 걷기도 어렵다.

교포 할머니가 첫아이를 낮 동안 돌봐 주었지만 사위가 귀국한 후라, 딸은 혼자 무거운 몸으로 힘들어 했다. 해산 일을 고대하며 지루하고도 힘겨운 시간을 보내던 참에 예정일을 아직 남기고 있는데 자정쯤, 아기가 요동을 치며 뻗치더니 진통이 시작되었다. 병원에 도착하자 바로 분만실로 안내되고 아기의 심장 소리가 들리도록 모니터에 연결시켜 주었다. 어른 한 호흡에 서너 번쯤의 빈도로 "둥탁 둥탁" 힘차게 뛰는 심장 소리가 들렸다. 세상으로 나오기 위해 아기가 얼마나 긴장하고 있는지를 느끼게 했다.

필리핀 사람인 간호사는 차분하고 친절한 태도로 산모를 돌보았다. 분만실에는 보호자를 위한 의자와 담요가 준비되어 있었고, 휴게실 대형 냉장고에는 음료수와 아이스크림이 가득 들어 있었다. 산모는 목이 타는지 계속 물을 마셨다. 첫 아이를 제왕절개로 출산한 터라 산도가 열리지 않으면 어쩌나 싶어 근심이 가득했다.

진통이 심해지기 전, 분만실 곁에 있는 욕조에 한 시간 정도 몸을 담그도록 했는데, 진통 중인 산모를 물에 담근다니 기가 찼지만 그것이 통증을 완화시켜 준다고 말했다. 그러고도 대여섯 시간을 보내고 막바지 진통이 왔다. 능숙한 간호사들은 곁에서 끊임없이 산모에게 격려의 말을 하고 있었다.

"조금만 더 힘내라. 너는 위대한 일을 하고 있다. 아주 훌륭하다. 생명의 탄생이란 얼마나 경이로운 일이냐."

그들의 응원은 열렬했다. 산모 곁에서 힘을 보태던 예전 우리네 할머니들의 격려가 생각났다. 그들의 열의는 마치 운동장에서 스포츠를 관전하는 청중이 외쳐 대는 모습을 방불케

했다. 근심과 걱정에 가슴을 조이면서도 생동감 넘치는 그들의 행동을 미소로 바라보는 동안 드디어 아기 머리가 보이고 환성이 터져 나왔다. 새까만 머리가 세상 밖으로 막 나오고 있었다. 둘러선 간호사들은 합창이라도 하듯 "힘내라!" 소리쳤고 딸은 단말마의 비명을 지르며 사력을 다했다. '펑' 하듯 아이가 빠져나왔다. 뒤이어 "으앙!" 힘찬 울음소리. 서둘러 탯줄을 자르고 몸을 닦아 준비된 신생아 침대로 옮겼다. 아기는 두 손으로 허공을 휘젓고 다리를 버둥거리며 소리소리 울었다. 마치 온 세상을 향해 자신의 존재를 알리려는 듯. 잠시 후 아기는 눈을 번쩍 뜨더니 잠시 번득이다가 다시 감는다.

2001년 7월 6일 새벽 7시 25분. 마침 야간 근무조와 오전 근무조가 교대하는 시간이라 의사가 연락을 받고 달려오는 사이에 출산은 끝났다. 계속 울어대는 아기를 품에 안고 어미에게 보여주자 딸은 희미하게 웃으며 아기를 받더니 입을 벌리고 고개를 내두르는 아가에게 젖꼭지를 대주었다. 아기는 야무지게 젖을 빨았다. '건강하구나' 안도의 숨을 내쉬었다. 그제야 아기는 세상과 화해한 듯 비로소 울음을 그쳤다. 어린 생명은 자신을 보호해 주는 손길들을 감지하고 안심했을 것이다.

한숨 돌리며 바라다 본 분만실 창밖은 아침 햇살이 축복처럼 쏟아지고 있었다. 쾌청한 푸른 하늘이 시원하게 펼쳐 있었다. 아기는 떠오르는 태양과 함께 지상에 왔구나. 감회가 새로웠다.

산모는 입원실로, 아기는 신생아실로 옮겨졌다. 아기의 팔목과 다리에는 번호를 표시한 띠를 둘러 주고 엄마와 내 팔목에도 같은 번호의 띠를 채워 주었다. 이 표시가 없으면 신생아실 출입이 금지된단다. 어미가 좀 진정이 될 즈음, 아가를 엄마에게 데려왔다. 산모와 아기를 점검하러 드나드는 간호사들은 한결같이 아기가 건강하고 잘생겼다고 말했다. 어떤 간호사는 아기를 들여다보며 "Have You a Wonderful Life." 라며 기원했다. 무사히 한 생명을 얻은 기쁨과 뿌듯함이 밀려왔다.

마누라 밥

남자에게 집밥의 원조는 물론 어머니다. 어머니보다 더 자식 밥상에 정성을 들일 사람이 있는가. 그래도 길게 오래 먹는 음식은 마누라 밥이다. 음식을 잘하는 여인은 소박맞지 않는다는 옛 말이 있는걸 보면 먹는 일이 인생에서 얼마큼 중요한지 알 만하다.

건강을 챙기며 매식을 기피하려는 남편 덕에 아침, 점심, 저녁을 꼬박 차리는 일이 일과가 되었다. 젊은 날엔 정성을 다해 차린 밥상에 가치를 두지 않던 그가 뒤늦게 집밥의 소중함을 강조하는 것까지는 고마운데, 세 끼 밥을 준비하는 일은 족쇄에 매인 느낌이다. 준비하고 만들고 뒤처리하는 일이 버겁다.

소설을 읽다가 집밥이란 말을 보았다. 식당이 아니라 가정에서 먹는 식사를 그렇게 부른 것이다. 식당 밥을 매식이라고 한다. 매식의 장점은 쉽고 편하게 식사를 해결한다는 데 있지만, 이윤을 목적으로 차리는 밥상인지라 조리에 쓰는 재료의 질이 떨어지고, 맛을 내는 조미료의 과용이 문제가 된다. 사실 오래 매식을 하면 위장이 탈난다. 매식 자체도 그렇거니와 매식할 수밖에 없는 사람의 주변 환경이 한몫하고 있을 것이다. 밥을 사먹는다는 건 뒷바라지할 사람이 없다는 뜻이고, 챙겨 주는 사람이 없으면 습성도 나빠지기 쉬워 이래저래 건강상의 문제가 온다. 호화로운 장소의 요란해 보이는 음식도, 냉동식품, 가공식품들을 모양 좋게 꾸며놓기 일쑤라 배 속이 편치 않다. 찬이 없어도 집에서 한 술 뜨는 게 편하다.

소설 속의 남자는 부족함이 없는 생활을 누리고 살지만, 아내의 입김이 드세어서 자기 뜻을 접고 사는 남편이다. 그는 늘 아내가 해주는 밥이 먹고 싶은데 그 소원은 묵살된다. 집에는 도우미 아줌마가 있어 아내는 살림에 관심조차 없다. 그렇게 살던 그들이 종내는 이혼을 하게 되고, 이혼한 후에야 여자는 열심히 요리를 배우며 혼자 사는 집에서 음식을 해먹는다.

시간이 제법 흐르고 난 어느 날, 전 남편을 우연히 만난 그녀는 그를 집에 데려와 밥을 한 끼 대접한다. 남자는 감격하여 다시 시작하자고 말하지만 그녀의 대답은 차갑다.

"이상하게도 당신을 위해 밥을 하고 싶지는 않았어."

그 말에 남자는 깊이 상처 받는다. 여자가 자기를 사랑하지 않는다는 것을 비참한 심정으로 깨닫는 것이다.

여자가 남자를 사랑하면 그를 위해 무엇이든 하고 싶다. 남자의 현존을 돕고 싶은 것이다. 사랑은 상대의 존재를 기뻐하는 곳에서 산다.

"당신을 위해 밥을 짓고 빨래를 하고 싶어."

사랑이 가슴에 차오르면 여자는 이렇게 고백하는 것이다.

오래전 영화 「누구를 위하여 종은 울리나」에서였던가. 포성이 울리는 전선에서 머리를 빡빡 깎인 여자는 사랑하는 남자가 언제 죽게 될지도 모르는 데 "당신을 위해 양말을 깁고 밥을 짓겠다"고 수줍게 고백한다. 그 애절함에 눈시울이 뜨거웠었다. 남자를 위해 아무것도 하고 싶지 않다면 사랑은 시작도 하지 않았거나 이미 끝나 있거나 둘 중 하나다.

자기를 위해 빨래하고 밥 짓는 여자를 두고 립스틱 짙게 바른 여자를 품는 남자는 쓸개를 빼낸 자리에 풍선을 집어넣고 다니다가 언젠가는 "펑!" 하고 터지는 소리를 듣게 될 것이다.

부부 싸움을 하고 나서 음식을 만들고 싶은 여자는 없다. 에너지가 소진되어 도저히 일할 기운이 없을 뿐, 오기를 부려 골탕을 먹이려는 게 아니다. 의욕을 잃으면 힘이 빠진다. 여자에게 사랑은 활력인 까닭이다. 화가 누그러지고 반성과 후회의 여과를 거친 후에 사랑의 기미가 돌아오면 청하지 않아도 여자는 부엌으로 간다.

세상엔 철 안 든 남편도 많아, 날마다 차리는 마누라 밥상의 고마움을 모르고 당연시하기 쉽다. 그 따뜻한 밥상을 소홀히 여기지 마시길! 특별 조미료, 사랑을 첨가했으니.

"여보 식사하세요." 이 목소리가 어느 날 문득 끊기고 나면, 남자의 인생은 쓸쓸한 쇠락의 길이다.

말에도 온도가

어느 날 아침 대단찮은 일에 서릿발 같은 비난을 들었다. 날카로운 얼음 조각 하나가 심장을 가르며 지나갔다. 출근길의 그에게 화를 돋울 수 없어 꾹 참고 있다가 차에 올라 시동을 거는 소리가 들리자 뛰쳐나가 소리쳤다.

"야아아! 남자면 다냐? 부드럽게 말 좀 하면 뭐가 떨어지니?"

차는 떠나고 내 목소리만 공허하게 남는다. 부릉거리는 엔진 소리에 그 말이 들리진 않았을 것이다. 그러나 외치고 났더니 속이 좀 풀렸다. 혼자 실소를 날렸다. 비난은 불행한 느낌으로 온다. 어디에 부드럽게 말을 하는 남자 없을까. 그러나 나 역시 그에게 얼음 조각을 던지며 살고 있다는 걸 모른다. 나 자신은 늘 참고 배려하고 따뜻한 가슴으로 살고 있다고 굳게 믿지만 그에게 "내가 그러냐?"고 묻는다면 그는 고개를 저을 것이다.

말에도 온도가 있다. 누구나 뜨거운 말도 차가운 말도 느끼며 산다. 우리가 사는 데 쾌적한 느낌을 주는 온도는 대략 20℃ 안팎이다. 별 거부감 없이 주고받는 일상의 대화는 아마 그쯤일 듯하다. 열탕은 43℃ 안팎이니 남녀 사이에 오가는 사랑의 말은 그보다 뜨거울까? 불타는 가슴에서 말이 데워져 나오는데 안 그러겠는가. 허나 과열된 사랑의 말은 당연히 오래 지속될 수 없다. 열탕 속에서 오래 견딜 수 없는 것처럼.

분노가 펄펄 끓는 말은 100℃가 넘을 것이다. 듣는 사람도 말하는 사람도 화상을 입는다. 무언가를 끓이려면 내용물보다 먼저 용기가 달구어지는 법이다.

실제 있었던 사건 하나. 세를 들어 사는 사람과 집 주인이 시비가 붙어 한 달 가까이 다투던 끝에 화를 삭이지 못한 주인이 뇌출혈로 사망하고 말았다. 세상엔 이 비슷한 일들이 적지 않다.

냉소란 차가운 웃음이다. 적의를 품고 하는 말은 차다. 얼음 같다는 표현은 빙점을 넘어섰다는 뜻이다. 악의가 번득이는 말, 독기를 품고 내뱉는 말은 섬뜩하여 들으면 비수에 찔린 듯 아프다. 마비도 일으킨다. 적의에 찬 냉기도 분노의 열기만큼 치명적이다.

우리는 서로에게 가해자지만 서로 피해자라는 의식을 품는다. 가해자이며 동시에 피해자로 사는 부부. 그래서 부부란 평생 웬수라 부른다.

　이 미움이 발효를 거쳐 삭아지려면 하루로 될까. 말의 온도는 몸의 온도를 가늠케 할 성싶다. 말이 끓으면 몸도 뜨겁고, 말이 차면 몸도 싸늘하다. 싸늘한 몸에선 암 발생률이 높다는데…….

미운 정

우연히 선배 한 분의 가족사진을 보았다. 사회에서는 까다로운 사람이라고 평을 받고 있는 남편 곁에서, 온화한 미소를 보이며 서 있는 선배의 모습이 인상적이었다. 그 미소에는 남편의 전 삶을 감싸고 살아온 여인의 인내와 사랑이 빛나고 있었다. 문득 오래도록 심기가 불편한 채로 살아온 나 자신의 모습을 돌아보았다.

그가 미국 버지니아 주립대학에 교환교수로 머물고 있었을 때 나는 함께 가지 못했다. 이런저런 이유가 있었지만 미국이란 나라에 별로 가고 싶지 않았다. 미국이어서라기보다 남편과 떨어져 지내고 싶은 생각이 있었다. 그의 삶에 바쳐지고 있던 구속에서 놓이고 싶었다.

우리 시대 여자는 결혼 후부터 자신만의 시간을 누리기가 어려웠다. 남편이 지배자로 군림하려 들어서다. 가사에 협조적인 남자도 1차적 책임에서 떠나 있어, 아내가 받고 있는 생활의 중압감을 다 가늠하지 못한다. 여성 자신의 감정이나 욕망, 신체적 상황 등은 맨 마지막 고려 사항이 된다. 끝도 없이 되풀이되는 가사, 남편과 자녀에게 헌신해야 하는 주부는, 그리스 신화의 '시시포스'를 떠오르게 한다. 갱년기쯤에 와서 여인들을 엄습하는 우울증은 그렇게 살면서 돌아볼 틈이 없었던 내적 자아의 비명일 것이다. 어느 시인은 "부엌에서는 한 여자의 젊음이 삭고 그 설움으로 찌개를 끓이는 냄새가 난다"고 표현했다. 뿌리 깊은 남녀의 근원적 불균형이 바로 잡히기까지는 아직 멀었다. 전통과 인습으로 굳어진 의식의 변화란 생각처럼 쉽지가 않은 것이다.

서너 달이 지나면서 남편의 부름이 절박해 왔다. 여유를 찾고 싶던 내 소망을 접고 미국행의 여정에 올랐다. 그는 몹시도 반갑게 나를 맞았다.

그가 사는 집은 성격만큼 깔끔했다. 그러나 개인 주택의 반지하인 주거 공간은 어수선했다. 주택의 기반 시설들이 얼기설기 천장을 가로지르고, 주인댁 젊은 부부는 수시로 냉방기를 가동해서 팬 소리가 요란했다. 그는 줄곧 냉기에 시달리고 있었다. 창문조차 허술해서 밤이면 한기가 스몄다. 서둘러 두꺼운 달력 종이를 뜯어 천장의 환풍구를 봉하고 비닐로 창문을 막았다. 방 안 공기가 한결 부드러워졌다.

"대책도 없이 견디다니……." 하는 말에 그는 그냥 웃었다. 삶의 굽이굽이마다, 그의 생각이 닿지 않거나 관심이 없거나 해서 생긴 틈새를 부지런히 메워 왔다. 그도 내 허점과 실수들을 채우고 덮었으리라. 두 사람이 함께 살게 되면 서로의 능력은 과소평가되고 수고는 당연시된다. 부족함은 크게 보이고 모자람은 짜증스럽다. 그렇게 둘 사이의 감정이 메마르고 황폐해지면, 실망과 모멸감만 남는다. '경애하는'이라고 시작된 우리의 만남도 이제는 "어이" 하고 부르면 "예" 하고 달려가는 사이로 전락한 지 오래다. 아내란 사랑이란 이름의 종이라고 그는 천연스레 주장한다.

부부 싸움에서 그의 고집을 물리친 기억이 없다. 성격 차이도 심하고 가치관도 많이 다르다. 무엇보다 그의 남성 우월의식에 상처를 받아 왔다. 때때로 아슬아슬했다. 연륜의 자락마다 고운 정보다 미운 정이 훨씬 깊다. 그걸 견디며 내 오만함은 조금씩 줄었고 세상을 용서하는 법도 익혔지만……. 이제 나도 그 선배처럼 온화한 미소로 남편의 뒤편에 서는 일에 불만을 품지 말자. 미운 정도 정임에 틀림없으니.

얼마나 낯이 익었는지, 길에서 그를 만나면 나를 보는 것 같다. 내가 아니면 누가 그의 노년을 지켜가리.

비밀을 만들고 싶어

집을 뛰쳐나간 『인형의 집』 노라가 정말 행복했을까? 아직까지도 소식이 없으니 불안한 아내들이 노래로나마 잠시 반란을 시도함이었을 게다.

잠이 오지 않으면 FM 라디오를 듣는 습관이 있다. 그날도 음악을 듣다가 높은 음역의 소리가 반복되어 신경에 거슬리자 "시끄럽네" 하며 채널을 바꿨다. 바로 그 순간 깜짝 놀랄 가요를 만났다. 제목은 「비밀」, 내용은 대충 이렇다. "당신의 굴레를 벗어나 구름처럼 바람처럼 살고 싶어 비밀을 만들고 싶어"

가사는 불온한데 호소력 넘치는 목소리에 실려 흐르는 멜로디는 가슴을 파고들었다. '아, 이런 노래를 터놓고 불러도 되는구나.' 한 남자의 아내로 살면서 바람을 피워보고 싶다는 내용을 만천하에다 대고 소리치고 있는 것이다. 가슴이 뛰었다. 어쩜 내 마음과 이리도 같을까. 야한 노래가 넘쳐 나는 세상인지라 사람의 속맘을 좀 들추었다고 누가 호들갑을 떨 것인가만. 그런데도 독한 소주 한 모금을 입에 물고 있는 듯 얼얼한 기분이었다.

음악은 노트할 틈도 주지 않고 끝나 버렸다. 한동안 그 여운에 취해 정신이 아득했다. 가수가 누군지도 모르고, 곡조도 기억할 수 없는 채로.

남편의 무심에 지치고 걸레처럼 구겨진 일상에 신물이 나면 나는 큰일 날 소망 하나를 가슴에 품는다. '어디에 나를 꽃인 듯 보아줄 남자 없을까, 영혼을 다하여 사랑할 사람 없을까?' 여심은 늙지 않아 한 구절의 시로도 다시 뛴다. 누구나 한 번쯤 뜨겁게 타오르고 싶은 갈망이 없으랴.

이 세상은 달콤하기만 한 사랑을 할 수 없는 곳이 아닌가. 꿈꾸는 사랑은 달콤하지만 현실에서는 쓰디쓸 뿐. 파탄이 기다리고 있을 사랑일랑 꿈꾸지 말자. 그 소망을 입 밖으로 내보내지도 말자.

그 후로 다시는 그 노래를 듣지 못했다. 남자들은 마누라 모르게 비밀을 만들고 다니는데 아내라고 못 하랴, 하면서도 어림없는 생각에 혼자 씩 웃는다. 어쨌거나 이미 물 건너 간 세월인 것을. '철렁' 물결치던 청춘의 파장이 회한이 되어 멀리멀리 사라져 간다. 안녕 그리운 바람아!

사랑의 자리

달리던 트럭이 멈추더니 중년의 아주머니가 차를 내려 길가 풀숲으로 들어갔다. 볼일이 급했나 했는데 빨갛게 잘 익은 산딸기를 따고 있었다. 새우비가 부슬부슬 내리는데, 여인은 한입에 털어 넣어도 시원찮을 딸기를 맨손 안에 모으고 있었다. 달리는 차창으로 익은 딸기를 발견하고 여인이 말했을 것이다.

"어머, 저기 딸기 있네! 차 좀 세워 봐요, 내 가서 따올 테니."

"뭘 그까짓 걸 따려고 그래, 비도 오는데 그냥 가요."

이렇게 말할 법도 한데, 남자는 여인의 소청을 들어 차를 세우고 그 하는 양을 지켜보고 있었다. 잠시 후 트럭이 곁을 지나는데 한 손으로 운전대를 잡은 남자가 막 딸기를 입에 털어 넣는 모습이 보였다. 비 맞으며 애써 모은 딸기를 남자에게 건네준 여자, 두 사람이 무척 정다워 보였다. 허름한 차림에다 멋지고 예쁠 것 하나도 없는 그들이 그 순간에 스크린에서 보던 어떤 청춘 남녀의 모습보다 아름답게 비쳤다.

수컷 새가 구애를 하며 벌레 한 마리를 암컷 앞에 놓아주던 그 앙증스런 모습이 생각났다. 미물이건 사람이건 사랑은 먹이는 일부터 시작되나 보다. 육신이란 음식의 집합체니까. 먹인다는 건 상대의 생명을 지지한다는 의미이다. 모든 부모가 자식을 먹이는 일에 얼마나 애를 쓰는지 생각했다.

사랑이 식으면 남자는 여자의 말을 묵살하기 쉽다. 시시하고 별 득이 없는 소청일 땐 더욱 그렇다. 여인네의 자잘한 요구를 들어주고 있다는 것은 그 여자를 사랑하고 있다는 표현이 된다. 들어주는 일에 서툰 남자들로선 굉장한 노력을 기울이는 태도이기 때문이다.

여자에겐 수다 자체가 인간관계를 유지하는 중요한 기능으로 작용하는데, 남자는 정보나 용건이 빠진 말에 가치를 두지 않는다고 한다. 말을 하는 것으로 친밀감을 느끼고 위로 받고 에너지를 충전하여 감정을 정화하는 여자의 감정 구조를 이해하는 남자가 많지 않다. 어떤 사건에 부딪치면 해결을 먼저 생각하는 남자는 해결이 어렵거나 잘 안 풀린다고 느낄 때 자신의 무능을 대면하기 어렵고, 문제를 만든다고 여겨지는 여자에게 화를 내기 쉽다. 여자가 해결을 요청하는 게 아니라 그 문제가 주는 압박감이나 고통에 대한 이해를 원하는 경우에도 남자는 그 감정적 교감이 되지 않는다. 해서 여자는 남자의 냉담이 원망스럽다.

사실 남녀의 불행은 상대에 대한 공감 능력의 부족에 있을 것이다. 상대의 습성이나 구조를 바꿀 수 없다는 각성 없이는 관계 개선이 어렵다. 사랑은 쉽게 시작할 수 있지만 서로의 마음을 읽을 줄 알고, 필요를 살피고, 뜻을 존중하여 살아야 하는 과정은 결코 수월한 길이 아니다.

'먹이는 일'과 '들어주는 일'이 얼마나 소중한지를 아는 부부라면 서로 마음이 메말라서 등 돌리는 일은 없으리라. 한 줌의 딸기를 따도록 기다려준 남자와 가시에 찔리며 따온 딸기를 남자에게 건네준 여자 때문에 한순간 가슴이 훈훈했다.

'사원의 기둥'처럼

새해라고 하지만 나날은 늘 같은 모습이다. 살아온 날들이
뒤돌아 보인다면 이제 떠날 날이 머지않았다는 증조이리라.

내게 신혼의 추억은 뜨거운 애무가 아니었다. 처음으로 한
남자 곁에서 포근히 잠을 잤다는 기억이다. 예식장에서 내내
눈물겨웠던 신부는 펼쳐보려던 꿈을 모두 접고, 결혼이라는
틀 속으로 들어서는 게 슬펐다. 이를 눈치 챈 신랑 역시 자신
의 위로가 무력한 곳에 내 슬픔이 자리하고 있음을 알고 속수
무책의 심정으로 무거워 보였다. 신혼여행이란 엄두조차 낼
수 없던 그 시절. 친정어머니가 세를 얻어 준 단칸방에서 첫
날밤을 맞았다. 둘만 남은 호젓한 시간이었으나 마음이 처져
있어 고조된 분위기가 될 수 없었다. 국화 향이 그윽하던 시
월의 마지막 날, 서로 말없이 피곤해진 마음과 몸을 눕혔다.
어머니께서 정성을 다해 만드신 질 좋은 햇솜의 부드러움과

그의 체온으로 이불 속은 따뜻했다. 울다 지친 신부는 피곤이 겹쳐 잠 속으로 빠져들었다.

뒷날은 생기에 차 일어나 풍로에 숯불을 피워 신랑의 아침 상을 준비했다. 소꿉장난 같은 신혼살림의 출발이었다. 사는 동안, 찬바람에 내몰릴 적마다 그 첫날밤의 따뜻함을 기억해 보는 것은 위로였다. 아마 짧은 몇 달, 한 이불 속에 잠드는 일이 행복했던 것 같다.

그가 술을 마시고 밤늦게 들어오기 시작하면서 평화는 깨 졌다. 남편이 미워지면 한 이불 속에 있다는 것이 고통스러워 진다. 거친 숨소리와 내뿜는 술 냄새는 견디기 어렵다. 이불 을 따로 쓰기 시작했다. 어느새 출발의 순수함은 얼룩지고, 몇 번이나 사랑의 부재도 건넜다. 청춘의 설렘은 이미 퇴색한 지 오래인 것을. 남편 곁에 잠드는 일이 고통스러웠다. 자는 시간도 엇갈리고 눕고 깨는 일에 충돌이 생기면서 방을 따로 쓰기로 했다. 섭섭한 눈치더니 차츰 적응되고 있는 듯하다.

남자의 시야가 닿지 않는 곳에 혼자 있다는 게 홀가분하다. 언젠가는 서로 헤어져야 할 것을. 누군가 먼저 세상을 떠나면 남겨진 사람은 혼자일 텐데. 그 허전함을 미리 길들이는 것도 나쁘진 않겠지. 자매가 없던 어린 시절 나는 늘 홀로였다. 그 습성이 각인되었는지 외로움을 타지 않아 혼자서도 세상은 늘 가득했다. 나는 이제 마음껏 자유롭다.

노년이란 얼마나 행복한 계절인가. 나이가 든다고 해서 세상이 온통 무채색이 되는 건 아니다. 생의 구비마다 축복이 숨겨져 있다는 걸 느낀다. 삶의 채무에서 벗어난 해방감은 더 없는 축복이다. 누가 인생은 육십부터라 했을까. 정말 그럴 것이다. 운신의 폭이 아니라 마음의 폭이 넓어지는 그 자유로움. 불도 끄고 싶을 때 끄고 책을 펴거나 접거나 구속이 없다. 더러는 세월의 마모에도 스러질 기미가 보이지 않는 그리운 이름 하나 꺼내 놓고 닿을 길 없는 인사도 건넨다. '잘 지내니?'

레바논의 시인 칼릴 지브란은 사랑하는 사람은 사원의 기둥처럼 서로 떨어져서 존재하라 노래했다. 기둥과 기둥 사이를 바람이 흐르도록 공간을 두라는 이 절구는 질긴 소유욕과 턱없는 의존성이 사랑의 숨통을 조이는 일이 없기를 소망하는 시인의 예지일 것이다.

왜 사원의 기둥인가. 사원의 신성함 속에서만 정화가 가능한 까닭이 아닐까. 신의 숨결만이 세상살이의 비속(卑俗)을 씻겨줄 것임으로.

저 탁월한 시인은, 사랑도 고독한 영혼의 자립이라고 말하고 있는 것이다.

솟아나는 미(美)

　길을 걷다가 유리창에 비친 내 모습을 보면 실망스럽다. 후한 점수를 주고 싶은데 그게 안 된다. 환갑을 넘긴 나이에도 아직 외모에 콤플렉스가 있으니 한심한 일이다. 아름다움에 대한 여인들의 집착은 평생 가나 보다. 아흔이 넘게 사신 할머님은 병석에서도 추하게 보일까 염려하시곤 했다. 예뻐지고 싶은 여인들의 갈망과 노력을 어찌 다 설명할 수 있으랴.

　한창 풋풋하던 시절에 정말로 내가 못마땅했다. 왜 더 좀 예쁘게 낳지 않았느냐며 투정을 부리면, "밉상만 아니면 되었지, 얼굴 팔아서 살아갈 거냐!" 어머니는 강하게 꾸짖으셨다. 미모를 파는 것이 천한 일로 치부되던 시절이었다. 게다가 잘생긴 아들을 둘씩이나 잃어버린 어머니는 못난 딸일지라도 살아주기만 바라셨을 터이다.

　그 무렵, "당신은 솟아나는 미를 지녔소" 하며 다가선 남자

가 있었다. 말을 바꾸면 "당신은 못생겼소. 그러나 내게 오는
느낌은 괜찮소"라는 뜻인데, 그 절묘한 포장에 솔깃해져 기
꺼이 그에게 마음을 주었다. '솟아나는 미(美)'란 지성과 품행
에서 내뿜는 아름다움일 것이다. 그렇게 보아주는 이성이 있
다는 것은 우선 나를 진정시켰다.

하지만 그 후 두 번 다시 그 비슷한 찬사의 말을 듣지 못했
다. 잡은 물고기에게 미끼 주는 사람이 없다는 말이 맞는가
보다. 어쩌면 내 쪽에서 솟던 생기가 멈추었을 것이다. 결혼
이란 이슬만 먹고사는 신선놀음이 아닌 까닭이다. 부대끼며
다투며 사는 일상에선 곰보는 곰보일 뿐이다.

행동이 빠른 나는 외출할 때 대개 먼저 준비하고 나서는 편
이다. 어느 날 조금 늦었더니, 현관에서 기다리던 그가 소리
쳤다. "뭐하고 있는 거야. 대한민국 미녀가 다 죽고 나서야 당
신이 예쁠 거니까 빨리 나와!" 농담으로 한 말이 아니다. 그
의 잠재된 불만의 표출인 셈이다. 여자와 집은 가꾸기 나름이
라는데, 나는 애당초 꾸미는 데 소질조차 없다.

물론 못생겼다고 다 불행하지는 않다. 재능과 개성을 갈고
닦아서 저마다 긍지와 보람을 안고 살아간다. 그러나 용모가
빼어나면 얼마나 이득이 많은가. 아름다움이 인간의 혼을 흔
드는 위력이고, 여성의 미모에 유난히 약한 남성들이 그녀 앞

에 기꺼이 무릎을 꿇는 한, 세상은 미녀들의 것이다. 미모 하나로 세상을 떠들썩하게 만드는 여인들이 적지 않다. 독일의 센더스라는 사람은 "아름다움은 어디서나 사랑을 부른다"고 했다. 왜 성형수술이 성업 중인가.

여학교에 오래 근무했던 어느 선생의 고백은 그나마 위로가 된다. 처음 강단에 서면, 당연히 어여쁜 학생에게 시선이 끌리고, 그 학생이 보고 싶어 출근길이 기쁜데, 수업을 진행하면서는, 총명한 학생에게 마음이 기운다고 했다. 그러나 학교를 떠난 후에도 기억에 남는 것은 착하고 성실하던 학생이란다. 몽테뉴 역시, "겉이 아름다운 여자에겐 쉽게 싫증이 오지만 선량한 여인에게는 결코 질리지 않는다"고 했다. 하지만 그것은 언제나 나중의 이야기다. 내면의 아름다움을 알아차리기까지는 시간이 필요한 까닭이다.

역사 속에는 육체의 미추(美醜)를 초월하여 인류에 공헌한 업적으로 찬란한 빛을 뿜는 사람들이 있다. 얼굴에 관한 명언을 남긴 링컨 대통령도 젊은 날 그 자신을 추남이라 여겼다고 한다. 오늘 보게 되는 그의 초상은 위대한 정신이 후광이 되어 위엄과 아름다움으로 형형하게 빛난다.

타고난 미모란 세월의 잔인한 풍화를 견뎌내지 못한다. 인간은 육체만으로 된 존재가 아니라는 증거이다. 어쩌면 창조주께서는 좀 뒤처진 외모를 지닌 사람들에게, 보다 높은 내적 가치를 추구하도록 기대하고 계실 듯싶다. 성녀로 추앙되는 마더 테레사 같은 분이 절세의 미녀였더라면 한 세기를 감동시킨 그 고결한 생애를 살 수 있었을까. 이 요란스런 상업주의 세상이 우선 조용히 내버려 두지 않았을 것이다.

지금은 외모 타령을 하고 있을 나이도 지났고 위축 받으며 살고 있지도 않은데, 재색을 고루 갖춘 아름다운 여인을 보면 찬탄의 마음이 절로 인다. 장미 향 같은 황홀한 기품을 지니고 사랑하는 사람 앞에 서보고 싶은 것이다. 이 철없는 꿈은 도무지 늙지도 않는다.

노년의 초입에 와서 저 푸르던 날에 들었던 남편의 말이 새삼 떠오른 이유는 무엇일까. 그가 '마음의 눈'으로 나를 보았다면 나는 그에게 빚을 지고 산 셈이다. 솟아나는 미란 품성의 맑음과 온화함에서 이는 향기 같은 것일 테니까.

시모님의 영정 앞에서

신행길에 찾아온 새 며느리를 위해 어머님은 팥죽을 맛있게 쑤어 주셨다. 당신께서는 팥 껍질을 넣고 좁쌀죽을 쑤어 드셨다는 것을 나중에야 알았다. 민망하고 아프던 기억이 잊혀지지 않는다.

시모님은 아흔네 살에 세상을 뜨셨다. 건강하게 사시다가 뇌경색 증상으로 한쪽 팔과 다리가 마비되면서 자리에 누운 지 여섯 달, 대소변을 가리지 못하며 몇 달 더 살다가 돌아가셨다. 조금씩 드시던 음식을 못 넘기고 물만 마신 지 이십여 일 만이다.

음력 초하루면 제를 올렸다. 오늘 아침 마지막 제사였다. 초로에 찍어 두셨던 시모님의 영정 앞에 한동안 앉아 있었다. 담담한 얼굴로 마주보시는 눈빛이 따뜻하다.

어머님은 평생을 상군 호칭을 듣는 해녀로 사시며 열두 자녀를 낳아 세 자녀를 잃고 아들 여섯, 딸 셋을 잘 키웠다. 산파도 병원도 없던 시골, 혼자서 낳고 산후 뒤처리는 스스로 하셨다. 태를 자르고 아기를 목욕시켜 눕힌 후면 부엌에 나가 뜨거운 물에 메밀가루 한 대접 풀어서 마셨다고 한다. 해산 후 삼일 만에 물질을 하러 바다로 나가셨다. 강인하기가 무쇠 같은 분이었지만 그 후유증으로 늘 두통에 시달리셨다. 신세대 여인들로서는 상상조차 할 수 없는 일, 쉬지 않고 밭일까지 하며 억척으로 사셨다.

물려받은 땅이 있었으나 아버님이 장사를 하겠다고 일본으로 중국으로 돌아다니며 없어졌고, 어머님은 홀로 아홉 남매를 기르며 일에 묻혀 지냈다. 강직한 성품이었으나 인정이 많고 남에게 늘 베푸는 삶이었다. 아기 보는 어린 소녀가 있었는데, 밥을 지으라고 해놓고 바다에서 돌아와 보니 껍질을 벗기지 않은 조를 한 솥 삶아 놓았더란다. 기가 찼으나 꾸짖지 않고 다시 밥을 지어 드셨다고 자랑삼아 말씀하시곤 했다. 어머님은 손맛이 일품이라 장맛까지 좋아 이웃의 부러움을 받곤 하셨다. 손수 담은 자리젓은 붉은 기운이 돌고 자리돔의 살이 찢기며 터져 나온 맛이 구수했다. 제주 특산이라고 나도는 상품화된 자리젓은 정말 부끄러운 맛이라는 걸 아무도 모를 것이다. 진품 맛을 본 적이 없었을 테니까.

집 안팎은 언제나 정갈했다. 텃밭에는 채소가 풍성해서 식탁은 가난을 몰랐다. 자식들 모두를 공부 시키지 못한 한이 있었지만 아홉 남매 줄줄이 건강하고 성실하게 자립해서 잘 살고 있다. 그 자녀들이 함께 모이는 날이면 어머니는 뿌듯하여 얼굴에 화색이 가득했다. 어르신은 잔소리를 좀 많이 했는데, 당신 스스로 최상급의 일꾼이셨으니 연약한 며느리들이 맘에 차지 않았으리라.

나이 드시며 그 칼칼하던 성품이 누그러지고 아버님 먼저 세상 뜨신 후로는 한 발 뒤에서 자식들의 삶을 지켜보는 모습이 고마웠다. 두 분 다 천수를 누렸기에 가슴 저리게 애통해하지 않았지만 세 시누이는 서럽게 울었다. 여섯 며느리의 눈물을 다 합해도 따님 한 분의 눈물도 못 채웠을 것이다.

한 세상을 어렵게 사시던 어머님의 표정에는 오늘따라 잔잔하게 기품이 서려 있다. 인고의 세월을 보낸 조상들이 계셨기에 오늘의 우리가 살아 있음을 잠시 돌아보며 옷깃을 여민다.

여자라서 슬펐다

첫딸을 낳았을 때, 갑자기 서글픔이 북받쳤던 기억, 나중에야 그 감정이 '산후 우울증'이라는 심리적 증후군임을 알았지만 그 당시 나는 아가가 딸이라서 슬펐다. 아들이 아니어서가 아니다. 첫 출산의 아픔이 너무도 혹독해 '이 아가도 나와 같은 고통을 겪을 운명이구나' 하는 서러움이 앞섰던 것이다. 딸에 대한 첫 감정은 그래서 슬픔이었다.

내 친정아버지는 남성 우월의식이 골수에 박힌 분이셨다. 외동딸인 나를 두고 "저놈이 아들이었다면" 하는 말씀을 자주 하셨다. 그지없이 부드러운 사람이라 믿고 선택한 내 남자는 조선왕조를 동경해 마지않는 구시대적 권위의식으로 무장하고 있었다. 하지만 그들 자신의 잘못이기보다는 사회구조가 남자를 주축으로 짜여 있는 데다가 오랜 세월 동안 세상을 지배하며 길들여진 우월감이 유전자 속에 각인되었을 터이고, 어미가 그들을 기르며 주입시켰을 인습의 결과라는 걸 이해할 수는 있다.

한번은 이른 시간에 사라봉을 오르며 목이 말라 상수도 관리인 관사 문 앞에 서서 주인을 청하여 물 한 잔 주실 수 있는지 물었다가 혼이 났다. 삼다수가 없던 시절이었다. 어디서 여자가 새벽부터 물을 청하느냐는 불호령을 들었던 것이다. 기가 막혔지만 뒤로 물러설 밖에.

또 한 번은 참을 수 없을 지경으로 소변이 마려웠다. 출발 시간이 임박한 차를 놓칠까 봐 볼일을 미루고 차를 탔는데 그만 낭패였다. 염치 제쳐 놓고 기사에게 청해서 차를 멈췄으나 한겨울 산 중턱엔 눈이 무릎까지 쌓여 도저히 어찌해 볼 도리가 없었다. 5·16 도로를 넘어오는 중이었다. 차창으로 호기심에 찬 눈들이 내게 쏠렸다. '아! 남자였다면 얼마나 좋았을까.'

돌담 뒤로 몸을 숨기고 눈 속에 주저앉아 일을 보았다. 묻은 눈을 털어내며 무안한 얼굴로 차에 오르는데 짓궂은 인사가 날아왔다.

"아주머니 수고했수다." "와—" 하는 웃음이 터졌다.

"걱정해 주셔서 감사합니다."

깍듯하게 대답하곤 자리에 앉았다. 왁자하던 웃음은 그쳤
으나 편치 않았다.

마침『정절의 역사』라는 책이 발간되어 세간의 눈길을 끈
다. 부도(婦道)란 이름으로 매도된 처절한 여성 폭압의 기록
이었다.

남자가 남자로 태어난 것이 그대들의 공이 아니듯이, 여자
역시 여자로 난 것은 그녀들의 허물이 아닌 것이다. 성이 아니
라 실력으로 대우 받는 사회, 인생의 짐을 함께 나눠지고 서로
를 존중하는 그런 사회가 언젠가는 실현되겠지 믿고 싶다.

"좋으트나?"

모든 남자에게는 자기 여자가 행복하길 바라는 마음이 있다고 보인다.

"얼라는?"

"밥도."

"자자."

이 우스갯소리는 경상도 사나이의 무뚝뚝함을 빗댄 말인데, 나중에 한마디가 더 보태졌다.

"좋으트나?"

좋았는가 묻는 이 말엔 파트너의 기분을 확인하고 싶어 하는 남자의 본능이 드러난다. 자신의 행위가 상대를 만족시켰기를 바라는 갸륵한 마음! 일방통행을 고집하고 이기적 근성이 강한 사람이 왜 상대가 좋았는지 궁금해 할까. 수컷으로서의 우월감이나 과시욕의 표현일지 모르겠으나 상대를 유념

하는 의중은 부드럽다. 해서 여자의 직업 중엔 유치원 선생이 제일이라는 발상이 통한다.

"참 잘했어요. 한 번 더 하세요."

아이들을 격려하기 위해 자주 쓰이는 이 말이 일을 끝낸 남자에게도 필요하다는 얘기다. 그 리얼리티가 한바탕 웃음을 불러온다. 자기에게 꼼짝 못하는 자세로 살기를 바라는 남자, 천진난만하다.

저녁에 그릇을 들고 나서는 여인을 향해 남자가 물었다.

"어디 가는데?"

하루 종일 육아며 가사에 지친 여자는 짜증 섞인 목소리로 "된장 뜨러 가지, 어디 가요." 날이 선 대답이었다.

그러나 역사가 이루어진 다음 날 아침, 같은 질문에는 "서방님 드리려고 된장 뜨러 가요." 하더란다. 이 맛에 남자는 그 힘든 세상을 헤쳐 나갈 힘을 얻는지도 모른다.

그러면 여자는 어떤가. 잘은 몰라도 일을 끝내고 나서 남자에게 "자기 좋았어?" 어쩌고 묻는 여자가 있을까. 산이 무너져 내리는 듯했다면 물어볼 필요가 없고 그가 흡족하면 그뿐이다. 더구나 그의 봄바람 같은 미소는 오래가지도 않는데 여자에게는 다소 긴 약효가 있다. 해서 여자는 오래 한 남자를 기다릴 수 있어도 남자는 인생 도처가 유청산이다(人間到處有

靑山).

　세태가 어떻게 변천하더라도 여인을 대지 삼아 달리고 싶은 열망과 또 얼마나 잘 달리는 멋진 수컷인지 상찬 받고 싶은 욕구가 남자를 지배하는 동안, 인류는 영원하리라. 그러하니 그대여, "좋오트나?" 묻는 남자가 곁에 있을 때 힘을 다하여 사랑해야 하리.

콩깍지가 끼면

"떡은 별 떡 있어도 사람은 별사람 없느니라."

돌아가신 어머님이 자주 쓰시던 말씀이다. 사람에 대한 실망을 미리 막아 주시려는 예방주사였다. 사람은 누구나 비슷한 열망과 욕구와, 신체 구조와 반응과 태도를 가졌다는 점을 투시하고 있는 이 말이, 그러나 사랑에 빠지면 무시된다. 자기가 사랑하고 사랑 받는 그 사람은 아주 특별하고 남다른 사람이 되는 것이다.

물론 사람은 외모만 아니라 내장된 장기 하나하나의 모양까지 모두 다르다고 한다. 심지어 맹장까지도 닮은꼴이 없단다. 이 점을 들어, 사람은 유일한 존재이며 렘브란트의 그림보다 훨씬 더 희소가치가 높은 존재라고 설득하는 사람이 있다. 인명경시 풍조가 만연한 세상을 향한 경종이다. 누구도 하나뿐인 유일한 존재로서의 가치가 있으므로 함부로 대하지 말자는 가르침이다. 그러나 그렇게 각자 모양새가 다르더라도 사람의 본성은 모두 거기서 거기까지라는 서두의 지혜는 긴 통찰을 건너온 혜안이다.

죄로 혼탁해진 세상을 구원코자 하나님께서 이 땅에 그리스도를 보내셨다. 그분이 많은 기적을 행하자, 일부의 유태인들은 로마의 압제로부터 해방을 꿈꾸며 세상의 임금으로 추대하려 했다. 그러나 그것은 예수님의 목적이 아니었으므로 무리를 피하여 산으로 가셨다는 기록이 있다. 예수님은 "내 나라는 땅에 있지 않다"고 말씀했지만 사람들은 그 말을 이해하지 못했다. "사람들을 아시므로"라고 쓰인 성서의 말씀에 어느 날 문득 서늘한 깨우침이 왔다. '그래, 사람의 마음이란 얼마나 믿을 게 못 되는가.' 병을 고치고 기적을 행할 때 따르던 바로 그 무리가, 빌라도의 재판정에서 예수님을 십자가에 못 박아야 한다고 소리쳤을 것이다. 사람의 본성을 잘 아셨기 때문에, 예수님은 땅 위의 나라가 얼마나 허망한 것인가 가르치고자 목숨을 다했다.

그런데도 사랑하게 되면 이 보편적 진리는 사라지고 환상이 춤을 춘다. 서로에게 채색옷을 입히고 기뻐하며 '그 사람만은', '자기에게만은' 하는 특별한 기대와 소망으로 부푼다. 얻고자 하는 대상에 다가설 때 노력하지 않을 사람이 없으므로, 그 기대와 환상은 어느 기간 충족된다. 하지만 서로를 소유했다고 여기는 순간부터 인위적인 노력은 멈춘다. 실망과 환멸의 시작인 것이다. 세상에 수많은 이별과 아픔은 '별사람 없어' 하고 단단히 준비되지 않았다면 누구나 겪을 수밖에 없는 추락의 과정이다.

나 역시 어머님의 말씀을 귀 너머 들어, 있는 그대로의 그를 수용하기가 힘들었다. 평생 내게 특별한 사람이리라 믿었다. 내가 그의 관심사의 맨 아래쪽에 놓여 홀대받으리라 상상이나 했던가!

'사랑할 만하다'는 콩깍지가 떨어져 나가고 내 선택에 대한 후회가 회오리치며 왔을 때, 별사람이 없다는 어머님의 되풀이하던 말씀이 약이 되었다. 어디를 가서 누구를 다시 찾을 것인가. 인간에 대한 기대를 버리라는 저 말이 콩깍지가 떨어져 나가 누추함이 모조리 드러난 황당한 삶을 참아 내도록 버팀목이 되었던 것이다.

인생이 다 저물어 가는데, 처음 끼었던 그 콩깍지를 다시 끼고 그를 바라볼 수는 없을까.

하나만이 아닌 사랑

월간 잡지를 뒤적이다 시 한 편을 보았다.

우리가 사랑하면 / 같은 길을 가는 거라고 믿었지 / 한 차에
타고 나란히 / 같은 전경을 바라보는 거라고 // 그런데 그게 아
니었나 봐 / 너는 네 길을 따라 흐르고 / 나는 내 길을 따라 흐르
다 / 우연히 한 교차로에서 멈춰 서면 // 서로 차창을 내리고 /
― 안녕, 오랜만이네 / 보고 싶었어 / 라고 말하는 것도 사랑인가
봐 // 사랑은 하나만 있는 것도 아니고 / 영원히 계속되지도 않
고 / 그렇다고 그렇게 쉽게 끊어지는 끈도 아니고 // 이걸 알게
되기까지 / 왜 그리 오래 걸렸을까 / 오래 고통스러웠지 // 아,
신호가 바뀌었군 / 다음 만날 지점이 이 생(生)이 아닐지라도 /
잘 가, 내 사랑 / 다시 만날 때까지 / 잘 지내

― 양애경, 「교차로에서 잠깐 멈추다」, 『내가 암늑대라면』(고요아침, 2005)

소설 속에서처럼 일생 동안 단 한 사람을 사랑했다고 할 사람이 혹 있을 것이다. 그러나 현실에서는 어떤가. "사랑은 하나만 있는 것도 아니고, 영원하지도 않다"고 한 시인의 말처럼 접어둔 그리움이 한둘쯤 있는 게 정상이 아닐까.

초등학교 시절에 글짓기 시상식에서 특상을 받던 소년은 아직도 아련하고, 여학교 때 늘 『영한사전』을 들고 다니던 K군은 선량한 목소리, 사색에 잠긴 모습이 가슴을 설레게 했었다. 그들은 모두 '만날 날은 아득히 기약 없는' 사람들이다. 돌이켜 보면 내 사랑의 기조는 선망과 존경이었다.

오랜 세월을 함께 살아온 남편, 그의 천연스러운 저 얼굴 뒤에도 감춰둔 이름이 몇 명쯤 있지 않을까. 남편에게 생애를 걸어야 하는 아내 입장에서 보면 세상은 온통 남자를 유혹하려는 장치로 가득하다. 기꺼이 그 유혹에 몸을 맡기는 사람도 있다. 일편단심으로 끝까지 가기가 어렵다. 세상은 사랑 이야기로 넘치고 수많은 문학작품과 노래에는 간장이 녹는 흠모와 동경의 사연들로 가득하다. 인간의 육체가 음식을 필요로 하듯, 마음은 자극을 탐한다. 상상력까지 동원하여 사랑 이야기를 퍼 올리는 열정엔 끝이 없다.

어느 시인은 "사랑하였으므로 행복했다"라고 했는데 그만한 경지에 이르러서야 비로소 정념의 구속을 벗어날 수 있으리라. 청정한 눈으로 대상을 바라보게 되면 사랑은 더 이상 고통일 수가 없는 것이다. 이미 옛 사람이 되어 서로 다른 축을 돌며 살아왔을지라도, 어디에선가 만나면 "안녕, 보고 싶었어"라고 인사를 건넬 수 있는 것도 사랑이라고 짚어낸 시인이 고맙다.

사랑도 꽃처럼 때를 만나 피었다가 져 내리는 자연의 섭리 속에 놓여 있어 사람들은 이별의 말도 할 줄 안다. "다음 만날 지점이 이 생이 아닐지라도 잘 가, 내 사랑. 잘 지내"라고. 그래서 "사랑은 하나만 있는 것도 아니고 영원한 것도 아니지만 그렇다고 쉽게 끊어지는 끈도 아닌" 그 '진실'을 찾아낸 것이겠지.

사랑도 무지개처럼 근원은 하나의 빛인데 연륜이라는 프리즘을 통과하며 서로 다른 채색이 되나 보다. 이따금 의식의 어딘가에 묻혀 있다가 떠오르는 막막한 그리움은 오히려 삶에 향기를 보탠다. 어느 날 우연히라도 만나서 주름진 모습을 보며 살아온 날들을 얘기할 수 있을까.

틱 낫한 스님의 사랑 이야기를 읽었다. 한 여승에 대한 사랑이 어떻게 승화되고 확대되어 전 생애를 관통했는지 깊은 울림으로 왔다. 그 지순한 사랑은 결국 불심 속에 녹아서 눈부신 헌신을 이끌어 내고 있었다.

홀로 품었던 사랑은 신기루가 되어 끝없이 떠돈다. 멀리서 바라보는 신기루는 아름답지만 함께 부대끼며 가는 사람은

소중하다. 그리워하는 것은 사랑이 아니라 환영이며 구름이
며 바람이다. 그러나 그 모든 것이 따뜻한 온기가 되어 가슴
에 스민다.

현모양처의 변

사랑하는 딸아,

네가 남편을 왕처럼 섬긴다면 너는 여왕이 될 것이다. 만약 남편을 돈이나 벌어오는 하인으로 여긴다면 너도 하인의 아내일 뿐이다.

오래 제주에서 교직에 계시다가 미국으로 이민을 간 지인에게서 어느 날 메일이 왔다. 유대인의 어머니들이 시집보내는 딸에게 주는 훈계의 첫머리 글이었다. 현모양처, 여자를 상찬하는 이 아름다운 사자성어가 얼마큼 희생과 헌신을 요구하고 있는지를 생각했다. 그냥 넘길 수가 없어 편지를 썼다.

교수님, 현모양처란 모든 남성의 소망이라는 거 이해합니다. 남편을 하늘처럼 받들어 모시고 가계를 융성하게 만들어 줄 여자를 마다할 남자는 없겠지요. 사실 인류는 전쟁에 의해서가 아니라 남편을 섬기고 온갖 어려움을 극복해 내며 자식들을 길러낸, 착하고 지혜로운 여인들로 인하여 오늘의 번영과 발전이 이룩되어 왔을지도 모릅니다. 평생 동안 가정에 윤기가 흐르게 하고 이웃에 선을 베풀며 친절한 혀를 가진 아내, 잠언 31장에 기록된 현모양처를 어느 남자가 원하지 않겠습니까.

하지만 냉정한 이성으로 남자의 성 인식이 편향적이라는 사실을 생각해 보셨을까요. 원시의 부족 사회에서는 출산이라는 엄정한 사실에 근거하여 모성이 주도권을 쥐고 남성을 씨받이로 갈마들이며 살았다는 흔적을 엿볼 수 있습니다만 역사의 도도한 흐름은 남성 본위의 인류사임을 누구도 부정하지 못합니다.

성인 현자의 가르침에서조차 여성은 언제나 홀대의 대상이었습니다. 20세기 말에 이르러서야 '성별이란 우열의 관계가 아니라 다름의 관계'라는 걸 아주 어렵게 인식하기 시작했어요. 그나마 인간의 미래를 걱정하는 일부 사회학자들의 조심스런 발언일 뿐입니다. 제가 짧은 식견으로 통쾌한 반론을 펴지는 못합니다만, 제 자신이 지독한 남존여비 의식으로 일관하셨던 아버지에게 냉대 받으며 성장했고 이조의 선비를 부러워하는 남편의 남성 우월의식에 상처받으며 살았습니다.

남자란 여인의 배 속에서 여인의 피를 받아 10개월 동안 사람의 형체를 이루고 세상으로 와서 영유아 시절을 한 여인의 절대한 보살핌과 사랑 안에서 성장합니다. 모성에 눈물겨워하는 영원한 아이, 여인에게서 오고 여인으로 말미암아 자라고 여인의 품을 그리워하는 것이 바로 남성입니다. 그러한 남자가 여인에게 당치않은 폭력을 휘두르고, 여성을 성 노리개로 삼아 팔고 사며 비하하고 학대까지 한다면 천인공노란 말을 쓸 수밖에요. 성자일지라도 여인을 통하지 않고 존재할 수 있었을까요?

몇년 전까지만 해도 새벽에 여자는 택시를 타기가 어려웠습니다. 첫 손님이 여자면 재수가 없다는 속설 때문입니다. 말도 안 되는 성차별 의식이 곳곳에 도사리고 있었습니다. 불평등과 차별이 사회 도처에 시퍼런 날을 세우고 있다는 걸 그들은 모릅니다. 그저 경쟁사회에 내몰려 처자식을 벌어 먹이는 고충을 크게 내세워 힘들어합니다. 인습이나 전통이 얼마나 확고하게 그들의 편인지를 감지하지도 못해요. 인간의 의식이 원시 단계를 벗어나고 있는 21세기에 와서야 여성에 대한 그들의 월권을 주저주저 인정하기 시작했다고 말해도 과언이 아닙니다.

사냥과 전쟁이 일상이던 원시 사회를 거치며 힘이 센 남성의 지배는 어쩌면 당연합니다. 그러나 문명사회로 진입했음에도 해어화(解語花)라는 기막힌 호칭으로 여성을 노리개 삼던 남성의 무지와 횡포는 아직 기세가 등등합니다.

교수님 이 시대에 여성의 방종과 탈선은, 유구한 세월 동안 남성에게 짓밟히고 학대받은 한의 분출일지도 모릅니다.

"아들아 너는 아내를 여왕인 듯 받들어라. 그래야 네가 왕 대접을 받느니라. 네가 아내를 하녀로 취급하는 한 너도 하녀의 남편에 지나지 않다는 걸 명심하여라."

이렇게 아들을 훈계하는 아버지가 출현해도 괜찮은 시대가 올 수 있을까요?

아담은 함께 유혹에 빠지고 나서 아내를 속죄해 달라고 참회하는 대신 그 탓을 이브에게 돌렸습니다. "당신이 내게 주신 그녀가 나를 유혹하였나이다." 어쩌면 이브를 주신 하나님을 탓하고 싶었던 듯합니다. 자기는 죄가 없다는 이야기지요. 책임전가, 중세 마녀사냥을 아시지요. 특별한 재능을 타고난 여인의 우월함이 두려워 남성들이 저지른 만행입니다. 인류의 발전을 주도해 온 남성의 위대한 힘과 역량을 왜 모르겠습니까만, 현모양처라는 그 남성 중심의 단어를 들으면 두드러기가 일어납니다.

예전에 농촌에서 한여름 땡볕을 견디며 종일 밭에서 일하고 저물 녘 힘에 겹도록 등짐을 지고 집으로 돌아온 아낙을 보았습니다. 그 여인은 짐 부리고 나서 몸 씻을 겨를도 없이 부엌에 들어 밥을 짓고 아이들을 챙기며 분주했습니다. 헌데 그 집 남정네는 서늘한 나무그늘에서 두던 장기에 코를 박은 채 마누라 하는 일은 안중에도 없었습니다. 아내가 서둘러 차려온 밥상 앞에서 수고했다는 말이라도 했을까요.

물론 모든 남자가 그렇지 않다는 걸 압니다. 아내보다 더 성실하게 가정을 돌보는 남자들이 늘어간다는 것도. 오늘날은 정말 천지개벽이라 할 만큼 여성의 위상이 높아지고 대우가 달라지고 있다는 것도.

그러나 인습이나 제도의 뿌리에는 성차별 관행이 막강한 힘으로 작용합니다. 이 시대에도 오지의 어떤 곳에선 여자를 팔고 사는 부족이 있고 음순을 잘라 감염으로 죽어가는 소녀들이 있습니다. 파푸아뉴기니에서는 아버지의 형제나 시아버지 남편 사촌들에 이르기까지 집안의 친족 관계 남자가 죽을 때마다 여자들의 손가락을 하나씩 자른다고 합니다. 그 잔인함에 소름이 끼쳤다는 후배의 메일을 보았습니다. 인도 역시 지참금을 이유로 여자를 학대하고 심지어 살해까지 자행한다는 이야기도 들립니다. 근세에 이르기까지 중국과 우리나라를 포함하여 동양권에서 순장이라는 악습이 있었다는 거 아시지요. 남자의 손길이 닿았던 여인이라는 까닭으로 죽은 남자의 무덤에 생매장되었던 여인들을 생각해 보셨어요? 이 세상 어느 역사에 여인의 죽음에 생매장 당하는 남자의 이야기가 있었나요. 네?

여성을 진정한 인생의 파트너로 인식하고 인간적인 동격임을 승인하는 일이야말로 남성의 진화이며 영혼의 성장임을 역설하는 학자들이 있다는 것은 희망입니다. 교수님, 여인의 헌신과 희생을 요청하는 그 환상은 이제 그만 멈춰야 하지 않을까요.

화내지 않기

인터넷 덕에 좋은 글과 사진, 그림뿐 아니라 가슴에 새겨두고 되새김해야 할 명언들을 만난다.

"만일 사람들이 그대를 나쁘게 말하거든 오로지 자신을 들여다보라. 그들이 틀렸다면 그들을 무시해 버려라. 만약 그들이 옳다면 그들에게서 배워라. 어느 쪽이든 화를 낼 이유가 없다."

어느 경우도 화를 낼 이유가 없다는 말이 가슴에 왔다. 세상엔 화나는 일이 적지 않다. 남의 허물은 눈에 잘 띄고 또 그것을 지나치기도 쉽지 않다. 비난을 참거나 스스로 들여다본다는 건 더더욱 어렵다. 나와 별 상관이 없는 사람의 허물이나 잘못은 대충 지나가지만 그 피해가 내게 미친다면 그냥 넘길 수가 없다. 손해를 보고 상처를 받는데도 관대하기가 쉬운가. 감정을 발설하고 나면 관계는 악화되고 불쾌감만 커지는

데도 참지 못하고 일을 그르친다. 그러하여 내가 사는 세상도 아직 조용하지 않다.

화를 내는 것은 바닥을 드러내는 일이다. 인격의 바닥, 지혜의 바닥, 인내의 바닥, 무엇보다 사랑의 바닥이다. 화는 한 사람을 몽땅 드러내서 더 이상 여지가 없음을 만천하에 공개하는 일이다. 화의 이유는 여러 가지나 원인은 하나이다. 인간의 이기심이다. 화는 이기심이 상처를 받게 되면 폭발하는 폭탄과 같다. 화의 뇌관은 이기심이다. 내가 무시당하거나, 손해를 입거나, 말을 듣지 않거나, 지시한 일이 잘못되거나 내 뜻과 거슬릴 때, 사람은 분노를 느낀다. 그 순간 상대를 제압하고 뜻을 관철시키기 위해 화를 터트린다. 화를 내는 사람의 지위가 높을수록 화는 정당화되고 일시적으로 문제를 풀어가는 해결책도 된다. 화의 효과이다. 그러나 수준이 비슷하면 화는 감정을 세차게 건드려서 곧장 불붙는 싸움이 된다. 싸움은 화를 증폭시켜 그 정당성에 관계없이 극단으로 치닫기 쉽다. 때로는 죽음도 부른다.

그런 결과를 예측하여 참는 것은 현명해 보이지만 화를 참으면 가슴에 응어리가 뭉쳐 병이 된다. 암은 화를 참고 스트레스를 많이 받는 사람에게서 자주 발병한다는 통계가 있다. 참는 일도 어렵거니와 병까지 부른다면 권장할 일이 아닌 듯하다. 억압된 화는 위험하다. 사람의 본성 속에 깊이 뿌리 내린 화의 감정을 어떻게 처리해야 하는가. 심호흡을 하고 잠시 멈춰서 내면에서 끓어오르는 화를 바라보라는 권유는, 지혜로 한 세기를 가르치시는 현자들의 말씀이다.

그러나 자기 제어를 할 수 있으려면 훈련이 필요하다. 마음의 향방을 주시할 수 있어야 하는 것이다. 홧김에 뭐한다는 말은 자기 제어가 안 되는 사람들의 탈선을 지적하는 말이다. 화는 풀지 않으면 그 에너지가 사람을 끌고 다닌다. 현자들의 가르침을 들으면서도 그 가르침이 체화되어 삶에 발현되기까지는 수행이 필요하다. 자유나 평화를 꿈꾸는 사람이라면 더욱 그렇지 않은가. 어느 정신과 의사는 인간만이 위궤양이 있다고 했다. 동물은 어제 일로 분노하여 속을 끓이지 않아 궤양이 없단다.

함께 사는 사람이 더러는 거슬리고, 내 편에서 보면 억지도 부려 속이 상할 적마다 그러는 나를 들여다보며 그냥 넘기려는 연습을 해본다. 아직 숙달되지 않았는데도 마음이 평화로워지려는 기미를 느낀다. 어떻게 반응할 것인가를 결정할 권한이 내게 있다는 건 참으로 괜찮은 일이다.

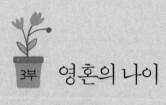

3부 영혼의 나이

거룩한 공양

어느 날, 어린 손녀에게 동화를 읽어주고 있었다. 그 내용을 요약하면 이러하다.

소가 풀밭을 지나가며 똥을 누자 풀들이 냄새가 난다며 소리 질렀다. 똥은 가녀린 목소리로 말했다. "나는 어제 네 곁에 섰던 너희들의 친구야." 그러자 "세상에 네 모습을 좀 봐, 어떻게 네가 우리들의 친구일 수가 있어"라고 풀들이 눈을 흘겼다. 잠시 후 햇살에 반짝이는 날개를 펼치며 풍뎅이가 날아오자 풀들은 반기며 자기 곁에 와서 놀다 가라고 소리쳤다. 못 들은 척 풍뎅이는 슬픔에 잠겨 있는 소똥에게 "내 아기를 부탁한다"고 했다. 소똥은 부끄러워하며 "나는 똥일 뿐인데 어떻게 그런 일을 할 수 있겠냐?"고, 그러나 풍뎅이는 "아기들은 따뜻한 당신의 품 안이 필요하다"고 달랬고 어미 풍뎅이는 알들을 까놓고 날아갔다. 얼마 후 작은 풍뎅이들이 똥을 먹고 무럭무럭 자라서 하늘로 날아오르자 풀들은 "어머, 똥이 없어졌어, 얘들아!" 하며 놀랐는데, 저 먼 창공에서 "나 여기 있어, 얘들아" 소리가 들려왔다.

동화를 들려주며 순간 서늘했다. 풀은 쇠똥이 되고, 똥은 풍뎅이가 되어 비상하다니! 생태계의 그물 속 씨줄과 날줄처럼 먹이를 통하여 끊임없이 순환하는 현상이 삶이구나. 이미 안다고 생각했는데 모르고 산 듯 새삼스러웠다.

풀과 소와 풍뎅이는 겉으로 서로 전혀 다른 개체인데 서로 왕래하며 형태를 바꾸고 있다. 그때, 문득 잠자리가 사마귀에게 먹히는 걸 보며 "쉿 조용히 하라, 거룩한 공양이다"라고 외친 시인의 마음에 다가섰다.

어느 날 집들이를 하는 집에 통돼지 바비큐가 배달되어 왔다. 포장을 풀어보니 황갈색으로 잘 구워 낸 돼지 한 마리가 얌전히 누워 있었다. 가슴을 가르고 갈빗살을 뜯어내어 수북하게 올려놓자 사람들이 부지런히 먹는다. 기름이 잘 빠진 고기는 쫄깃하고 고소하여 맛이 있었다.

삽시간에 살을 다 뜯긴 돼지는 가슴을 앙상하게 드러내고 머리통만 온전히 유지한 채 말이 없었다. 돼지는 여러 명의 사람에게 공양을 마친 것이다. 순간 배 속에 들어긴 고기가 살이 되고 피가 되어 인간의 일부로 바뀌는 과정이 선명하게 떠올랐다.

내 육체는 육류와 생선, 해조류와 과일, 채소와 곡류들이 남긴 영양소의 결집이다. 나를 형성한 신체 기관, 한 생애를 지탱해 준 몸은 다른 존재의 공양으로 이루어진 조직들의 재구성이다. 살아 있는 모든 생명은 소에게 힘을 준 풀처럼 희생된 자들의 공양으로 유지되고 있는 것이다. 음식을 먹기 전에 이 음식이 우리 앞에 놓이기까지 지불된 값을 잠시 생각해 보는 것은 희생된 생명에 대한 최소한의 예의리라.

몸만 그런 건 아니다. 마음 역시 뜨고 지는 해와 달, 산천초목, 사계절 바뀌는 온갖 풍상, 삼라만상의 형태와 소리와 향기가 모두 다 삶 속으로 녹아들어 감각을 채우고 생각을 이끌어 영혼의 비상을 꿈꾸게 한다.

광활한 우주에서 보면 소립자에 지나지 않을 나를 이 우주의 전 존재가 관여하여 거룩한 공양으로 채우고 있음을 다시 생각했다. 종(種)을 넘나들며 순환하는 목숨이여, 어디까지가 너이고 어디서부터가 나인가.

겨울 배춧국

영하로 떨어지는 날이 많지 않은 제주에서는 겨울에도 밭에 채소가 자란다. 겨울 배추는 차가운 서릿발을 맞고 때때로 눈발에 묻히면서 얼었다 녹았다 하여 잎은 두터워지고 당분이 차올라 그 맛이 특별하다. 미처 포기를 채우지 못한 배추는 겨울이 깊어 가며 잎이 뿌리를 감싸듯 대지에 눕는다. 이른바 '퍼대기'라 부르는 겨울 배추의 모습이다. 퍼대기는 혹독한 추위를 이겨 내고 이른 봄에 꽃대를 올려 봄동 배추가 된다. 채소 값이 비싼 한 철에 퍼대기 배추는 싱싱하고 아삭아삭 씹히는 맛을 선사해 준다. 쌈 배추로도 그만이고 된장국을 끓이거나, 겉절이 김치도 훌륭하다. 겨울 별미로 콩가루를 풀어 끓이는 콩국도 좋다. 겨울 배추나 무를 넣어 끓이면 고소하고 달콤한 맛이 일품이다. 퍼대기는 날로 먹어도 맛있고 삶은 배추에 된장 얹어 밥을 싸면 한 공기 밥이 금세 빈다.

겨울 내내 배추가 효자 노릇을 하는 것이다. 돼지고기를 삶아 낸 국물에 기름 걷어 내고 생 배추를 뜯어 넣어 국을 끓이면 그 맛 또한 별미다. 조미료를 전혀 쓰지 않고도 먹을 만하고 무엇보다 소화가 잘되고 위가 편하다. 비닐하우스에서 양산 되는 웃자란 어떤 채소를 맨몸으로 냉기를 이겨낸 겨울 배추 와 비교할 수 있으랴.

입맛은 어릴 적에 길들여지는 탓인지 아무리 좋음 음식도 한두 번 먹고 나면 어머니 손맛이 밴 토속음식으로 돌아오곤 한다. 주마간산식으로 여러 나라를 보고 그곳 사람들이 어떻 게 사는지 무얼 먹는지 대충은 알게 되었지만 별로 이렇다 할 만한 요리가 떠오르지 않는 걸 보면 음식도 강한 회기성을 지 닌 듯싶다.

1519년 34세의 김정국(1485~1541)이란 선비는 기묘사화로 많은 사람들이 죽어 나갈 때 동부승지 자리에서 쫓겨나 낙향 하여 정자를 짓고 스스로 자신을 팔여거사(八餘居士)라 불렀 다. 팔여란 여덟 가지가 넉넉하다는 말인지라 녹봉도 끊긴 처 지인데 팔여라니, 궁금하여 친구에게 묻자 그가 웃으며 말하 기를

"토란국과 보리밥을 넉넉하게 먹고, 넉넉하게 자고,
맑은 샘물을 넉넉하게 마시고, 책을 넉넉하게 보고,
봄꽃과 가을 달빛을 넉넉하게 즐기고, 새와 솔바람 소리를

넉넉하게 듣고,

눈 속에 핀 매화와 서리 맞은 국화 향기를 넉넉하게 맡는다네.

한 가지 더, 이 일곱 가지를 넉넉하게 즐길 수 있기에 '팔여'라 했네."

실의에 잠기고도 남을 상황에서 유유자적했던 선비의 모습이 두 세기를 건너서 살고 있는 내 가슴을 훈훈하게 했다. 이 선비도 먹는 일을 맨 먼저 꼽았구나, 깨닫고 미소를 지었다. 새삼스럽지만 생명 있는 모든 존재가 먹는 일을 최우선으로 삼는다. 식물은 은밀하게 땅속에서 양분을 흡수하는데 일부 벌레를 제외한 모든 동물은 지상에서 먹는다. 사람들은 우아하게 격식을 갖추고 식사를 즐기지만 이삼 일 굶어 허기지면 동물이나 별반 차이가 없다.

사랑을 하면 상대가 배고프지 않은지 염려한다. 모든 어미는 필사적으로 제 새끼를 먹이려 애쓴다. 사랑의 시작도, 그 지속도 먹는 일과 무관할 수가 없다.

소비가 미덕이 되는 나라를 만들겠다던 어느 대통령의 소망이 현실이 되면서 지금은 먹을거리가 넘쳐나, 음식물 쓰레기로 몸살을 앓는 나라가 되었다. 이제 식도락을 드러내 놓고 얘기해도 좋은 때가 온 것이다.

월 듀런트는 『철학의 즐거움』이란 그의 저서에서 "위가 아프다는 건 사람의 수치다"라고 날카롭게 지적했다. 음식을 위에 집어넣는 사람의 책임을 묻고 있다. 위가 아프다는 게 꼭 음식 때문은 아니겠으나 해롭지 않은 음식을 먹어야 한다는 건 옳은 주장이다. 혹시라도 위가 불편한 사람이 이 글을 읽는다면 겨울엔 제주에 내려와서 배추 된장국을 한 달만 장복해 보라고 권하고 싶다.

토란국과 보리밥을 넉넉하게 먹을 수 있음을 기뻐했던 김 선비의 맑은 기상이 우러러 보이지만 토란엔 아린 맛도 있으니 토란국을 너무 많이 먹어 해롭지나 않았을지 부질없는 걱정이 들었다. 아직 젊은 나이에 세상을 떠난 선비의 생애가 아프게 다가왔다.

말(언어)의 위력

　말(언어)도 말(馬)처럼 머리도 있고 꼬리도 있다. '말머리가 밉다'거나 '말꼬리 잡지 말라'고 한다. 뼈도 있다. 언중유골(言中有骨)이다. 허리? 있다. '말허리 끊지 말라고 하니까.' 손? 물론, '말솜씨가 좋다, 나쁘다' 평을 한다.

　없는 건 발이다. '발 없는 말이 천 리를 간다지 않는가. 생각하니 말에는 온갖 성품이 다 있다. 대충 들어 본다.

　　온도: 따뜻한 말, 미지근한 말, 차디찬 말.

　　명암: 밝거나 어두운 말.

　　맛: 쓰고 떫고 맵고 짜고 달고 고소한 말.

　　촉감: 날카롭고 부드럽고 껄끄럽고 포근한 말.

　　힘: 천 냥 빚도 갚는 말, 사람을 죽이고 살리는 말.

　　선악: 천사의 말, 악마의 말.

미추: 아름다운 말, 누추한 말.

품격: 고귀한 말, 천박한 말.

거리: 천리만리 정 떨어지는 말, 찰싹 감겨드는 말.

형색: 화려한 말, 초라한 말.

표리: 겉과 속이 서로 다른 말.

중량: 천금 같이 무거운 말, 새털 같이 가벼운 말.

　말의 사전적 의미는 '사상이나 감정을 나타내는 소리'라고 되어 있다. 말은 소리를 통한 의사소통의 수단이다. 사물에 의미를 부여하고 숨겨진 사실을 드러내어 의식에 영향을 끼친다. 말의 정의는 단순하지만 말이 사람의 입을 통해 나오는 순간의 정황은 천차만별이라 음성의 강약, 고저, 표정, 몸짓 등이 위와 같은 여러 갈래의 감정과 느낌을 만든다.

　말이 있어 비로소 인간은 추상적 사유가 가능해졌다. 동물에게는 역사도, 미래의 설계도 없다. 말은 절대의 힘으로 인간의 진화를 주도해 왔다는 걸 인정하지 않을 수가 없다. 말은 입 밖에 나온 후 공기의 진동이 사라지면 끝나지만, 그 여파는 에너지로서 작용한다. 말의 주술성, 기도를 하고 주문을 외우는 것은 말의 힘을 믿는 행위이다. 몇천 년 전의 말이 시공을 건너와서 오늘 우리의 삶을 비추고 있으니 말의 위력을 실감하지 않을 수가 없다.

캐나다 북부, 영하 몇십 도의 혹한에 벌목장에서 일하는 인부들이 말을 하면 말이 공기에 닿자마자 얼어서 땅에 떨어지고, 봄에 얼음이 풀리면 다시 살아나 숲 속이 와글와글 시끄러워진다는 동화가 있다. 이 이야기는 무심코 하는 말들이 없어지는 것이 아니라 어딘가 묻혀 있다 되살아날 수 있다는 경고로 들린다.

말은 죄가 없을 터지만 의사의 칼과 강도의 칼의 쓰임새가 다르듯이 말은 누가 어떤 목적으로 쓰느냐에 따라 평화와 사랑, 축복과 화해를 이루는 약이 되기도, 싸움, 불화, 거짓, 중상의 독이 되기도 한다.

신은 손으로 사람만 빚으셨고 우주는 말로 창조하셨다고 기록하고 있다. "빛이 있으라." "궁창은 물과 뭍으로, 광명은 밤과 낮으로, 바다는 생물로, 공중은 새들로, 땅은 온갖 나무와 짐승과 풀들로 채우고 번성하라."

말로 세상을 창조하셨다는 신화는 얼마나 빛나는 은유인가. 장엄한 신의 목소리가 우주에 울려 퍼진 창조의 시원에는 신의 말씀이 있었던 것이다. 말이 우주의 질서와 섭리의 동력이었다. 그러나 그 말이 인간에게 왔을 때 인간은 신에게 반역을 시도했다는 기록을 본다. 바벨탑의 이야기다. 말의 교란은 신의 중형이었다. 그 형벌로 인하여 갈래갈래 찢긴 말, 외국어를 익히느라 많은 사람들이 시간과 노력을 쏟아붓고 있는 현실, 머지않아 전자기기가 이 문제를 해결할 듯도 하지만 그때쯤 다시 어떤 재앙이 도래할지는 모를 일이다.

말의 기기묘묘한 기능, 그 얼개가 얼마나 복잡하면 언어학이라는 학문이 탄생했겠는가. "언어는 존재의 집이라"고 했다. 인간은 말의 집에서 한 발짝도 벗어날 수 없다고.

인간은 말이 단순한 의사소통의 도구인 줄 알고 사용하지만 사실은 인간이 말의 지배 아래 산다는 것을 생각해 본 사람은 많지 않을 것이다. 말이 형상화한 이미지에 갇혀 우리의 사고나 감정이 휘둘린다는 것을, 그렇더라도 우리는 표현된 말 뒤에 숨은 의도나 속마음을 읽어 내는 힘이 있다. 연꽃을 들어 보인 부처의 뜻을 깨달았던 제자 가섭의 미소가 그러하다. 기업에서도 하이테크(첨단기술)뿐 아니라 하이터치(인간의 감성)를 중요시하는 전환을 모색하고 있다. 미국의 미래학자 존 나이스비트(J. Naisbitt)가 소개한 이 말은, '하이터치 리더'라는 개념으로 발전하여 메타 커뮤니케이션의 시대를 열어 가고 있다. 기업 경영의 협상용으로 쓰였지만 인생 전반에 통용이 가능하리라 본다. 삶의 지향점은 진정한 소통이기 때문이다.

말 한마디에 상처 받고, 말 한마디에 위로 받으며 한 생이 간다. 아무리 세상이 거칠어도 폭행보다는 폭언에 시달리는 사람이 훨씬 많다. 마누라 잔소리가 죽기보다 싫은 남편, 남편의 비난에 진저리 치는 아내, 인생의 행불행이 이 말에 좌우되고 있다. 말 뒤에 숨은 의도를 읽을 줄 알고 깊이 살펴본 후에 응대하면 말실수를 줄일 수는 있을 것이다. 그러나 누구도 말이 주는 영향에서 자유롭기가 어렵다. 말을 벗어나려는 끝없는 시도, 묵언 수행이나 침묵의 가치를 강조하지만 말의 권능, 그 제한이나 통제를 벗어날 길이 묘연하다. 묵언, 침묵조차도 말인 것이다.

쉽지만 어려운 말, 어떻게 말하고 어떻게 듣는가에 한 생애가 흔들린다. 천의 얼굴로 인생을 지배하는 말, 살아 있는 동안은 말의 통치에서 벗어날 길이 없다. 다만 말이 멈춘 곳에 진리가 있다는 길 표지판이 아스라할 뿐.

봄 낙엽

봄에도 '낙엽이 진다'는 것을 아는 사람은 많지 않다. 사철 나무, 우리말로 '늘 푸른 나무'는 늦봄에서 초여름 어간에 낙엽이 진다. 한 해 동안 열심히 일해 온 잎들은 새잎이 자라서 제 구실을 할 때까지 버텨 주다가 임무를 넘겨주고 떠나는 것이다. 봄 낙엽이다.

본디 낙엽은 가을이 제철이라, 색색으로 물들어 화려한 단풍으로 사람의 마음을 얼마나 흔드는가. 그러나 봄에 지는 낙엽은 전투에서 돌아온 병사마냥 지치고 피곤한 모습이다. 간혹 붉은빛도 있지만 대게 색이 바래거나 어두운 초록으로 칙칙하다. 따뜻한 봄기운에 연녹색 고운 잎이 햇볕에 반짝일 때, 땅 위에는 묵은 잎들이 떨어져 구른다. 날로 높아가는 태양의 열기에 질세라 싱그러운 잎들이 저마다 푸르게 하늘 향해 발돋움할 적에, 은자처럼 소리 없이 지는 묵은 잎이 처연하다.

가을 낙엽이 온갖 상찬의 향연 속에 화려한 무대를 펼치던 그 순간에도 사철나무 잎은 안색 한 번 변하는 일 없었다. 눈과 서리, 거센 찬바람 밀어내며 황량한 겨울을 가려 주던 그들의 이야기를 누가 들으며 위로의 눈길이라도 건넬까.

말없는 그들의 은퇴가 쓸쓸하다. 생명이 힘찬 함성으로 요동치는 연녹색 세상을 뒤로하고 청소부의 빗자루에 쓸려가는 봄 낙엽을 보며 묵은 잎이 있었기에 오늘의 저 싱그러운 목숨이 이어지고 있음을 생각하는 사람이 있기나 할지…….

가을 낙엽은 잎자루가 달렸던 그 자리에 어린 잎눈과 꽃눈을 털과 비늘로 겹겹이 가려 주고 나서 지고, 봄 낙엽은 성장한 새잎의 당당한 기세를 뒤에 남기며 진다. 화려한 퇴장이든 외로운 퇴장이든 힘을 다하여 살아낸 그들의 여정은 성스럽다. 온갖 풍상을 다 견디며 새와 벌과 나비를 품어 의연하던 잎의 일생이 가을이건 봄이건 '낙엽'으로 진다. 인생도 질 때는 가을 단풍처럼 현란한 퇴장도 있고, 봄 낙엽인 듯 처량한 퇴장도 있다. 그러나 떠나는 이의 뒤엔 언제나 싱그러운 새 삶이 남겨지고 있는 것을!

독일의 시인 릴케는 떨어지는 낙엽을 '거부의 몸짓'으로 보았는데, '대지는 말없이 그 낙엽을 두 손으로 받는다'고 노래했다. 한 장의 낙엽에서 소멸의 비애와 희망을 동시에 보는 시인의 눈이 예리하다.

봄의 감흥

제주의 봄은 2월에 태동한다. 매화가 차디찬 공기 속에서 향을 뿜으며 봄의 첫 무대를 열기 때문이다. 땅 위에는 금잔 옥대라 불리는 재래종 수선화가 1월 즈음 이미 꽃을 피워 한겨울 차디찬 바람을 견디며 매화를 반긴다. 엷은 옥빛 꽃잎엔 노란 꽃술을 두른 작은 금잔들이 그 이름처럼 화사하다. 추사가 사랑했다는 수선화다.

외래종인 노란빛 수선은 2월에야 칼끝처럼 싹을 내밀고 추위에 시달리며 느릿하게 자라 3월 중순쯤에 크고 고운 꽃을 피운다. 꽃잎이 유난하여 밝은 노란빛이 봄을 밝히는 등불 같다. 꽃송이들은 보름 넘겨 오지 않은 누군가를 기다리듯 피어 있다.

매화가 질 무렵엔 목련 봉오리가 부풀고 개나리며 진달래가 뒤를 이으면 살구꽃, 복숭아꽃이 만개하여 봄기운이 하늘에 뻗친다. 생명의 함성이 천지를 흔들 때 생기 넘치는 봄을 뒤로하고 생을 하직하는 사람들이 의외로 많다. 벅찬 생동감 속에 오히려 필멸의 잔인함을 직면한다. 생성이란 죽음을 전제한다는 순리가 엄존하는 것이다. 나 역시 이 봄에 동창 친구를 잃었다. 소리쳐 엄마를 부르는 딸들의 통곡을 뒤로하고 손수건 적시며 돌아섰다.

4월 초엽이면 때를 만난 유채꽃, 벚꽃이 여기저기 흐드러지게 피어나지만 거친 제주의 봄바람에 그 짧은 며칠의 영광을 뒤로하고 꽃잎이 진다. 멈추지 않는 세월의 바퀴는 이미 5월의 문턱에 서고 드디어 모란이 풍만한 자태로 문을 연다. 모란을 얼마나 사랑했으면 시인은 모란꽃 지고 나서 한 해가 다 가버렸다고 탄식을 했을까. 모란은 사나흘 꽃잎을 열었다 닫았다 하다가 이내 꽃잎을 떨군다. 긴 한 해의 기다림은 그렇게 짧게 끝나고 시인은 마냥 섭섭해 운다고 했으니, 그 애처로움이 가슴에 전해온다.

바로 이 무렵 5월 중순에, 제주를 황홀한 향기로 채우는 밀감 꽃이 핀다. 귤 맛이 제아무리 좋아도 향기에 비길 수 있으랴. 꽃이 만개한 귤 밭 근처에 서서 깊은 들숨을 마시면, 잠시 낙원의 한순간에 머물게 된다. 예전에 귤 농사를 지을 때는 꽃이 흐드러지면 열매를 솎아 줄 일부터 걱정하고 꽃이 드물면 흉작을 염려하느라, 향기를 맡지만 그 향에 취할 겨를이 없었다. 농사를 접고 나서야 귤꽃 향이 장미보다 더 달콤하고 고아하여 천상의 향기라는 걸 느꼈다. 생업은 사람을 초조하고 긴박하게 만들어 창조주의 기이한 은총을 다 음미할 여유가 없었다.

2월에 봄을 알리는 전령사는 꽃들만이 아니다. 매화와 함께 오는 제주의 휘파람새가 맑은 소리로 봄을 부른다. 세계 3대 명창으로 꼽히는 휘파람새는 겨울 동안엔 목이 잠겨 "츳 츳" 하는 바람소리만 내다가, 계절의 변화를 어찌 그리 잘 아는지 2월 중순이면 투명한 목소리로 노래를 시작한다. 짝을 불러내도 좋다는 우주의 허락이다. 아직은 추운 겨울 아침이 채 밝기도 전에, 귀에 익은 휘파람 소리가 들려오면 온몸에 전율이 퍼져 이불을 제치고 벌떡 일어나 외친다.

"와아! 봄이야!"

어느 한 해라도 봄을 기다리지 않은 겨울이 있었으랴.

새들의 봄은 부산스럽다. 3월이면 까치가 나뭇가지 사이에 둥지를 짓거나 묵은 집을 수리하며 산란을 준비하고, 동박새, 굴뚝새의 날갯짓에도 힘이 실린다. 봄 꿩이 우거진 풀숲에 보금자리를 만들고 뻐꾸기가 청승맞게 울음을 터트리면 두견새가 깊은 한숨을 토해 내는 봄은 새들의 계절이기도 하다. 겨우내 인가 주위를 날며 시끄럽게 굴던 지바퀴의 거친 소리도 날로 더 높아간다. 하늘에 종달새 높이 뜨고 방울새 소리 정

겹게 들리면 문득 유치환 시인의 「춘신(春信)」이 떠올라 나직
하게 읊조려 본다.

꽃등인 양 창 앞에 한 그루 피어오른
살구꽃 연분홍 그늘 가지 새로
적은 멧새 하나 찾아와 무심히 놀다 가나니

적막한 겨우내 들녘 끝 어디메서
적은 깃을 얽고 다리 오그리고 지내다가
이 보오얀 봄길을 찾아 문안하여 나왔느뇨

앉았다 떠난 아름다운 그 자리 가지에 여운 남아
뉘도 모를 한때를 아쉽게도 한들거리다니
꽃가지 그늘에서 그늘로 이어진 끝없이 적은 길이여

– 유치환, 「춘신」, 『사랑하였으므로 행복하였네라』(시인생각, 2013)

작은 새들이 가지사이로 드나든 길을 '끝없이 작은 길'이라
고 표현한 그 말이 따뜻하다. 새뿐이랴, 움직이며 사는 모든
존재들도 저마다 작은 제 길을 따라 살지 않으랴.
하늘과 대지가 손을 마주 잡고 온갖 탄생을 부추기는 봄,
사계절 중에 유독 봄에만 '새'라는 접두어가 붙는 이유를 알

것 같다. 누구도 '새 여름' '새 가을' '새 겨울'이라고 말하지 않는데, 봄은 언제나 '새 봄'이라는 환영의 인사를 받는다.

천지는 생명의 춤으로 넘실대고 환호로 끓어오른다. 나도 덩실덩실 춤을 추며 휘파람새 따라 노래도 부르리. 살아서 몇 번이나 더 만날 수 있을지 모를 이 봄을 첫사랑이듯 온몸으로 부여안으리.

빚을 진 삶

스티븐 스필버그 감독의 「라이언 일병 구하기」라는 영화를 보았다. 대여섯 명의 가족을 거느린 건장한 노인이 육군 묘지를 방문하는 것으로 화면이 열린다. 그는 계속 울먹이며 수없이 도열해 있는 비석들 중에서 한 무덤 앞에 엎드린다.

때는 2차 대전 노르망디 작전, 해안에 상륙한 연합군은 독일군이 퍼부어 대는 포탄 앞에 맥없이 무너진다. 그 치열한 전투 중에 한 부인이 네 명의 아들을 전선에 보냈는데 세 아들을 잃고 막내 하나만 남았다는 사실을 알게 된 군 수뇌부에서는 분대를 파견하여 막내를 귀한 시키도록 명령을 내리고, 그들은 전선을 뒤져 천신만고 끝에 라이언 일병을 찾아낸다. 하지만 형들의 전사 소식을 들은 그의 오열도 잠시, 사력을 나해 싸우고 있는 동료들을 떠나 혼자 돌아갈 수 없다는 이유로 그는 귀국을 거절한다. 임무를 완수할 수 없게 된 분대장은 라이언과 함께 중과부적인 상황에서 싸움에 참가하고, 아군기의 출현으로 절멸의 위기는 넘기지만 라이언을 구하려고 파송되었던 분대원과 구조대장 모두 전사하고 만다. 대장은 숨을 거두며 "자네는 우리의 몫까지 훌륭한 삶을 살아야 하네"라는 말을 남긴다. 라이언은 그 말을 가슴에 새긴다.

　화면은 다시 묘비 앞, 회상에서 깨어난 라이언은 대장의 비석을 바라보며 고백한다. "대장님, 저는 대장님의 부탁을 평생 잊지 않았습니다. 최선을 다해 살려고 노력했습니다." 하지만 그렇게 고백해 놓고도 자신이 없는지 곁에 다가서는 초로의 아내에게 묻는다.

　"여보, 내가 훌륭하게 살았소?"

　"그럼요. 당신은 훌륭하게 살았어요."

　아내는 라이언의 손을 잡았고 온 가족이 사랑으로 라이언을 둘러싼다.

　가장 가까이 있는 사람에게 '훌륭한 삶이었다'고 인정받는 일은 쉽지 않다. 군복을 벗은 후 라이언이 어떻게 지냈는지 보여주지 않았으나 자신을 위해 전사한 대위와 부대원들의 희생을 생각할 때 결코 아무렇게나 살 수 없었을 것이다. 자신을 지켜내기 위해 숨겨 간 생명의 은인 앞에 엎드려 자신의 삶을 돌아보던 라이언의 모습은, 빚을 지고 살아온 사람의 무거움으로 다가왔다. 이 영화의 주인공처럼 누구나 극적인 상황을 겪는 건 아니지만 삶 자체가 타인들의 도움과 희생 없이 주어지는 게 아님을 새삼 느꼈다.

인생이란 우선 자신을 태어나게 한 가족의 사랑과 정성으로 시작된다. 자라면서 또 얼마나 많은 이들의 협조를 필요로 하는가. 현재 만나고 있는 사람들뿐만 아니라 인류가 출현한 이래 세상은 문명과 문화를 창출해 온, 수많은 현자, 성현, 석학, 근로자, 여러 분야에서 수고하는 이들의 노력에 힘입어 유지되고 있다. 내 삶에 소요되는 물자나 정신적 유산은 내가 모르는 낯선 이들의 헌신과 노력, 인류애의 결과로서 주어진 혜택이다. 어디 사람만의 은혜인가. 그 모든 것을 가능케 한 우주의 도움과 협조가 있었다. 하늘이 햇빛과 우로를 내려 식물을 기르고 자연은 온갖 기적 같은 신비와 아름다움으로 인간의 감성을 자극하고 혼을 고양시킨다. 내 목숨 하나에 쏟아부어진 이 모든 은택을 생각할 때 무량한 감회가 밀려왔다.

사람은 흔히 제 잘난 맛에 살아가지만 제 손으로 할 수 있는 일이 극미함을 모른다. 한 세대를 함께 가는 사람 말고도 저 아득한 존재의 근원에서 혼신의 힘으로 살아 낸 조상들의 투쟁이 없었던들 오늘 우리가 여기 있을까.

놀라운 세상, 우주를 넘나드는 과학, 빛의 속도로 전파되는 정보의 홍수 속에 놓여 있더라도 인간이 무엇인가 할 수 있는 행동의 범위는 늘 손닿은 곳에 한정된다. 하여 빚을 조금이라도 갚아가는 최선의 길은 "지금 있는 곳에서 만나는 사람에게 최선을 다하라"는 가르침일 것이다. 이미 받은 수많은 이들의 혜택을 생각하며 한 날의 삶을 주시하는 마음이 숙연하다. 내가 받은 것만큼이라도 돌려줄 수 있을까. 어림없는 생각일 뿐.

봄의 절정, 함박웃음으로 피어난 모란꽃 앞에 서서 "아, 내가 꽃에게도 빚을 지는구나!" 되갚지 못할 빚 앞에 할 말을 잃었다.

사람의 아기

　털이 아직 돋아나지 않은 새의 새끼가 붉은 살빛과 검정의 깃털 자국이 흉하게 박혀 꼼지락거리는 모습이 애처롭다. 보송보송 털이 나고 머루알 같은 눈을 떠서 노란 부리로 울부짖을 때쯤이 앙증맞고 귀엽다. 그 노란 부리 속의 붉은 입 속에 먹이를 넣어 주느라 어미는 한동안 정신이 없다. 태어나자마자 홀로서기를 잘하는 건 양서류와 물고기로, 어미의 보살핌 없이 곧장 험난한 삶 속으로 헤쳐 나간다.

　갓 태어난 짐승의 새끼들도 처음엔 천둥벌거숭이 몸이 양수에 젖어 가련하다. 특히 초식 동물들이 어미 배 속에서 땅 위로 떨어지자마자 일어서려 안간힘을 쓰며 비틀거리는 모양은 위태로워 보인다. 기적처럼 더듬어 젖꼭지를 물 때 어미와 새끼의 삶이 시작된다.

　짐승뿐 아니라 식물의 어미도 갖가지 장치를 동원하여 씨앗을 감싸고 지킨다. 에나멜 피질이나 털옷, 가죽이나 가시로 무장시키고 씨앗을 싸고 또 싸서 추위나 약탈에서 살아남도록 천태만상의 지혜를 동원하고 있다.

산다는 것은 시작부터 투쟁의 장(場)에 던져지는 일이다. 모든 새끼에게는 어미가 필요하다. 그들의 연약함을 감싸고 지켜서 먹이고 입히며 돌보아 줄 어미는 새끼들의 우주다.

동물의 새끼 중에 가장 약하고 무력한 존재가 사람의 아기다. 높은 울음소리를 내며 핏덩이로 오는 사람의 아기, 서둘러 오물을 닦고 벌거숭이 몸을 감싸주면 낯선 환경으로의 진입이 나쁘지 않다는 것을 느끼고서야 평온을 찾아 첫 잠이 든다. 잠든 아가의 얼굴은 너무도 어여뻐 부모는 이십여 년 긴 세월 헌신 봉사에 여념이 없다. 한평생이 자식 뒷바라지로 소진되어도 아깝지가 않다.

백일 무렵까지 아기는 세상의 젖으로 자라지만 아직 그의 영혼은 천상의 빛 속에 쌓여 엄위와 기품이 서려 있다. 어른들이 아기 앞에서 절로 미소가 떠오르고 마음이 맑아지는 이유다. 인도의 시성(詩聖) 타골이 노래했던 것처럼 아기는 모든 언어가 소통되고 온갖 보화가 가득하여 부족함이 없는 하늘나라에서 왔으므로, 지상으로의 하강을 그렇게 힘들어 했을지도 모른다. 속진의 영향이 아기의 영혼까지 침투하여 오염되기 시작하는 시간은 빠르다. 거짓과 위선을 체득하며 지상에서 사는 방법을 익혀 갈수록 서서히 천상의 광휘는 사라진다. 그러고서야 사람의 아들딸이 되어 울고 웃는다. 지상에서의 아우성은 천국의 상실에서 시작되었을 것이다. 아이를 키우기가 어렵고 힘든 것은 그들의 저 깊은 무의식 속에 잠재된 꿈이 현실과 충돌해서다.

사람에게 영원을 사모하고 하나님을 찾는 마음을 주셨다고 고백한 성서 시편의 저자는 우리가 잃어버린 것이 무엇인지, 인간의 눈이 어디를 바라보아야 하는지를 가르치고자 했을 것이다. 이 땅 위의 사람들이 죄와 질병으로 신음하는 이유는 우리의 영혼 어딘가에 각인되어 있을 저 천국의 기억을 지울 수 없는 까닭이 아닐까.

궁극의 지혜를 터득한 분들이 똑같이 보여주는 모습은 어린아이다. 땅 위에 살지만 떠나온 고향 천국의 시민임을 보여주는 얼굴의 아름다움을 어디다 견줄 수 있으리.

사랑, 그 절박함에 대하여

어느 날 아침 신문에 촌철살인이라는 표현으로도 모자랄 시가 한 편 실려 있었다.

자신을 재로 태워버릴 불에게 나무가
사랑한다는 말 한 마디 전할 새가 없는 것처럼
나는 그렇게 널 사랑하고 싶다

자신을 물방울로 사라져 버리게 하는 비에게 구름이
사랑한다는 표현 한 번 할 새가 없는 것처럼
나도 그렇게 널 사랑하고 싶다
– 사파르디 조코 다모노, 「내가 원하는 것은」, 『중앙일보』, 2010. 9. 14

강은교 씨는 해설에서 사랑은 세계 어디서나 급박하고 절망스럽다고 말했다.

이 시인은 인도네시아 사람이다. 인도네시아, 싱가포르 여행 중에 건너간 작은 섬에서 인도네시아 사람들을 보았다. 전혀 급박하지 않은, 한없이 느리고 나태한 민족이라 들었다. 그곳에 진출한 한국의 기업들이 그들의 게으름에 가슴이 터질 지경이라 한다. 폭염의 더위가 그들에게 천천히 쉬면서 움직이도록 가르쳤을 것이다. 그런데 이 시인은 사랑의 그 절절함, 죽음도 불사할 열망을, 불과 나무, 비와 구름으로 은유하여 가슴을 친다. 자신이 소멸되어도 괜찮다는 그 처절함에 소름이 끼쳤다. 진실로 그런 절실함이 사랑 속에는 있다. 단 한 번의 사랑으로 죽어도 좋겠다는 심정이 되는 사람이 있다.

우리나라 어느 시인은 "자기를 찍어 넘기는 도끼날에 향을 듬뿍 묻혀주는 향나무처럼 그렇게 사랑할 수는 없노라"고 절규하기도 했다. 자기를 찍는 도끼날 같은 아픈 사랑을 체험했을 것이다. 찍는 도끼날에 향을 묻히는 사랑이란 도대체 인간으로서 가능할까. 자신을 십자가에 못 박은 사람들을 향해서 "저들이 하는 짓을 모르오니 용서하소서" 했던 성자의 그 경지를 우리가 넘볼 수나 있을까.

한참 인기를 끌었던 드라마 「파리의 연인」에서 나를 깊이 흔든 것은 젊은 여인들이 시연이 아니었다. 권력과 부귀의 기회를 포기하고 여인의 사랑을 택하던 최 이사의 모습이었다.

60을 바라볼 때까지 야망의 외길을 달려온 그가 한 여인의 사랑을 얻기 위해 인생의 목적을 바꾸는 장면은 가슴에 물살을 일으켰다.

'사랑은 사람을 승화시키는 힘으로 인하여 희망이 되는구나' 깨달았다. 승화될 수 없는 사랑은 없을 것이다. 애고를 넘어선 사랑의 빛에 쏘일 때 홀연히 길이 열리고 바로 그 순간 사랑이 육체를 벗어나 영혼을 품을 수 있다. 그 과정을 거쳐 비로소 사랑은, 빛과 에너지로 가득 찬 세계로 우리를 인도한다. 소유가 아니라 발화, 사랑의 발현이란 황홀한 꽃이다. 꽃을 피워낼 씨앗 역시 껍질을 터트리지 않고 새 생명으로 태어날 수 없다. 사랑은 그렇게 자기 포기를 절박하게 소망한다. 구름이 비가 되고 나무가 불이 된다는 건 자기 포기다. 구름이 구름이기를 고집하고 나무가 나무이기를 고집하는 한, 물과 불은 볼 수 없을 터이다. 물과 불이 없다면 당연히 이 지상에 생명현상은 사라질 것이다.

사랑 그 자발성

사계절의 절정인 초여름. 온 세상이 초록으로 덮여 햇살이 그 위에서 빛의 춤을 추는 어느 날, 나는 여행에서 돌아오는 비행기 안에 앉아 있었다. 앞좌석 등받이에 꽂혀 있는 책자를 뒤적이다가 이 시를 만났다.

> 내가 너를 부르는 것
> 내가 불러서 네가 오는 것
> 그런 초대 말고,
> 네가 왔는데 내가 있는 것
> 네가 다다른 곳에
> 내가 서서 널 바라보는 것
> 그게 우리의 초대
> 영원히 계속되는 우리의 초대
>
> — 김도언, 「초대」

이 시를 읽는 순간, 등줄기가 서늘했다. 불러서 오는 초대가 아니라 그가 온 그 자리에 이미 내가 기다리고 있었다는 간절함으로 만난 그들의 사랑이 가슴에 파동을 일으켰다. 사랑은 강요나 요청이 아닌 자발적 행위이다. 모든 자발성에는 열정과 기쁨, 속 깊은 떨림이 있다. 최상의 삶이란 기쁨과 떨림을 찾는 일일지도 모른다. 사랑은 기쁨의 근원을 찾아가는 영원한 초대이다.

그 자발성이 있는 한 우리의 메마른 나날은 언제든지 다시 푸르게 살아날 것이다. 사랑으로 인간을 부르시는 분의 초대가 계속되고 있으니…….

석양에 대숲과 참새

내 방에는 서녘으로 창이 나 있다. 서창은 여름날 오후에 들이치는 햇살이 뜨겁고, 겨울밤 스미는 서북풍의 외기가 날카롭다. 다행히도 창문 곁에 심었던 대나무가 자라서 작은 숲을 이루자, 서창의 단점이 가려지고 그 흥취를 사랑하게 되었다. 무엇보다 서창의 매혹은 일몰이다. 빛이 어둠을 향해 고개 숙이는 그 미묘한 순간에 낮과 밤은 서로를 깊이 끌어안듯 은밀한 분위기를 연출한다. 창을 열고 대숲에 눈길을 보내면 해는 아직 하늘에 걸렸어도 갈 길이 바쁜 듯 서두는 모습이다. 해가 지는 시간을 일컫는 말을 생각해 본다. 한자로는 일몰, 황혼, 석양, 낙조, 우리말에는 노을, 해넘이, 해 질 녘. 그 가운데 내가 사랑하는 말은 '노을'이다. 노을이란 말의 애틋한 여운이 좋다. 석양이란 모든 이우는 것들의 대명사가 되어 쓸쓸하게 마음을 흔든다. 노을과 석양 그 무렵 하루를 살고 그늘지는 대나무를 바라보는 정취가 숙연하다.

여든 해쯤 지나서야 한 번 꽃을 피우고 죽는다는 대나무. 허나 그 꽃을 보기가 쉽지 않다. 꽃을 피우고 죽는 대나무에게 개화란 어쩐지 삶에 바치는 제의(祭儀)처럼 보인다. 누군가 '죽음은 삶의 절정이며 궁극적인 개화'라고 했는데 대나무야말로 이를 증명하는가. 인간의 죽음도 꽃인 듯 아름답다면 좋으련만 아름다운 임종을 보기가 어렵다. 하지만 죽음을 생명의 개화로 보여준 성자들이 있다. 그들의 죽음은 자신뿐 아니라 오고 오는 세대의 삶까지도 개화시킨다. 인간에게 개화란 깊이 숨겨진 신성의 발현, 생명을 태어나게 한 우주와의 합일의 경지, 그래서 그 일이 그토록 쉽지 않을 것이다.

대숲에는 아침저녁 참새들이 즐겨 찾아온다. 떼 지어 날아와서는 무어라고 무어라고 지저귀다가 떼 지어 날아간다. 마치 짧은 연주회를 여는 듯하다. 새들이 날개를 접으며 가지에 앉을 때 나무는 기쁜 듯 출렁인다. 한 곳에 뿌리 내린 나무들은 바람과 새들의 이야기로 세상과 소통하고 있을 것이다. 마침 참새 한 마리가 날아와 흔들리는 가지에 앉더니 잠시 고요하다. 참새는 몸이 작아서 움직임도 경망스러운데 어쩐 일로 오늘은 정숙하다.

'너는 왜 혼자니? 네 짝은 어디 갔니?' 가만히 묻는다. 참새는 명상에라도 잠긴 듯 미동도 하지 않는다. 명상이란 떠도는 마음을 현재의 순간으로 붙들어 오는 일이라는데, 참새야 제 마음을 어디로 보낸 적이 있으랴. 사람만이 과거로, 미래로, 허망한 열정으로 갈피를 잡기 어렵다. 욕망에 묻혀 헛되이 떠돌 뿐 삶 속에서 완벽한 현존(現存)을 느낄 수가 없다. 순간을 응시하지 못하여 생동하는 삶의 에너지를 놓치고서 일상에 묻힌다. 이 경이로운 세상, 하루하루가 기적과도 같다는 것을 감지하며 사는 사람이 많을까.

흙덩이가 만들어 내는 형형색색의 꽃과 열매, 쓰고 시고 달고 고소한 천차만별의 맛, 푸른 하늘의 무쌍한 변화, 흐르는 구름과 바람, 눈과 비, 뜨고 지는 해의 장관, 뇌성과 번개, 폭풍과 파도, 우리는 삶의 고달픔에 눈멀고 귀 어두워 지루할 새가 없는 대자연의 변화에도 무심하기 쉽다.

한동안 앉아 있던 참새가 어디론지 날아가더니 다시 한 무리의 새 떼가 몰려와서 소란스럽다. 빠른 몸짓으로 파닥이는 날갯짓과 와자한 노랫소리에 갑자기 주변이 환하다. 소리에도 빛이 있던가. 참새들은 뭐라고 저리도 재잘대고 있을까. 무얼 먹었는지, 무얼 보았는지, 누구와 싸웠는지 그런 소소한 이야기일까?

석양은 참새들의 활력이 최고조에 오르는 시간이다. 삶이란 허기를 채우는 일이 아니라 생 자체를 찬양하는 일이라고 누군가 말했다. 그리하여 그들의 찬양이 멀리 저 높은 곳에 계시는 이에게까지 닿고 있을 것 같다.

어느덧 해도 지고 황홀하던 노을빛도 사위었다. 일몰은 하루의 죽음이기도 하다. 석양은 그 죽음의 장엄한 진혼의 빛이었다. 허나 일몰이 태양의 소멸이 아니란 걸 누구라도 안다. 새아침이 온다는 것을 모르는 사람이 없다. 우리의 죽음 역시 생의 종말이 아니라면, 개화이듯 죽음을 맞을 수 있을 것을. 레바논의 예언자 칼릴 지브란이 노래했듯이 죽음이란 또 다른 탄생을 위한 잠시 동안의 침잠일 터이니.

당신을 위한 세상

저녁 시간, FM 라디오에선 사라사테의 음악이 흐르고 있다. 그 애조 어린 선율이 가슴을 흔든다. 귀 기울여 듣는 동안 '저 음악은 나를 위한 연주구나' 하는 생각이 스쳤다. '그래, 세상의 모든 일이 나를 위해 있네!' 서늘한 깨우침이 왔다.

옛적부터 현인들이 당신을 위해 진리를 가르쳐 왔고, 지금까지 세상의 숱한 종교가 당신을 위해 기도하고 도를 전파한다. 중생이라는 이름의 당신을 위해 사찰에선 종이 울려 퍼지고, 교회에서는 새벽 찬송이 힘차다. 조종사는 당신을 위해 비행기를 조종하고, 선장은 배를 운항하고, 상인은 먼 곳 가까운 곳 가리지 않고 물건을 날라 온다. 세상이 온통 당신을 위해 봉사하고 헌신할 준비로 분주하다. 어떻게 그렇지 않다고 말할 수 있는가?

지난 4월 중순엔 학생문화회관에서 새우란(蘭)을 전시했었다. 전국 규모의 동우회원전이라 풍성한 분량에다 색색의 새 우란 분이 줄을 서서 저마다 고운 자태를 뽐내고 있었다. 그 화사함이 보는 이를 황홀하게 했다. 돈 한 푼 내지 않고도 일 년 내 공들여 가꾼 난 꽃들을 찬탄하며 보았다. 뒤를 이어 한 라산 자생식물 전시회가 열렸는데 자잘한 풀포기, 작디작은 야생화를 화산석에 키워 운치와 풍광이 가히 탄복하게 했다. 애지중지 돌보며 정성을 다한 이들의 솜씨를 돈 한 푼 내지 않고 즐겼다. 그들은 관객의 감탄과 칭찬만으로 기뻤으리라.

현대는 공연이나 전시회가 넘치는 시대다. 발품만 팔아도 여러 유형의 관람이 허락되어 눈과 귀를 즐겁게 한다. 대중을 위한 수고와 노력의 결집들이 도처에서 우리를 손짓하고 있는 것이다.

연약한 신체 구조의 인간은 인류사의 초기부터 누군가와 함께 사는 법을 익혔다. 처음엔 가족, 점차 씨족과 부족과 민족으로 그 범주가 넓혀지면서 무리의 수장이 생기고 국가를 이루기까지 발전해 왔다. 지도자는 공동체 내의 사람들을 보호하고 이끌기 위해 용맹과 지혜를 발휘하고, 사람들은 그의 지배와 보호를 기꺼이 수용하며 운명을 같이했다. 말하자면 인간은 서로서로가 필요로 엮이며 살아온 것이다. 무리가 없는 지도자, 받는 자가 없는 선의, 배울 자가 없는 선생, 듣는 이가 없는 연주자, 관객이 없는 배우, 먹을 사람이 없는 음식이 의미가 있는가. 만드는 자, 가르치는 자, 베푸는 자, 연주하는 자, 모두 그 가치를 드러내 주고 인정해 주는 대상이 있어야 존재의 의미가 빛난다.

해서 누구든지 관객으로, 받는 자로, 배우는 자로, 먹어 주는 자로 충분히 가치가 있다. 무대 위의 저 뛰어난 사람들은 결국 청중인 당신을 위해 수년간 훈련과 연습을 거듭한 셈이다. 당신은 감탄하며 그저 아낌없이 박수를 보내라. 구태여 그 사람의 재능을, 미모를, 부를 선망할 필요가 있는가. 당신을 위해 노래하고 춤추는 사람, 그림을 그리고, 글을 쓰고, 발명하고, 만드는 사람이 있다. 당신이 보아주고, 읽어 주고, 써 주기를 간절히 바라면서 그들은 밤낮없이 노력하고 있는 것이다. 그뿐만 아니라 당신도 언제든지 주는 자로, 연주자로, 만드는 자로 변신이 가능하다. 그렇게 된다는 건 쉽지 않은 일이지만 다만 당신의 의지와 노력이 성패를 가름할 뿐이다.

빠른 정보 덕으로 성공한 사람들의 행적을 훤히 알게 되는 대다수의 보통 사람들은 상대적 박탈감이나 빈곤감에 풀이 죽지만, 관점을 바꾸면 당신을 위해 수고하는 사람들이 그렇게나 많다는 사실에 절로 미소가 떠오를 것이다. 당신은 얼마의 관심과 시간과 대가를 지불하기만 하면 그들의 성과물을 즐길 수가 있으니 고마운 일이다. 재능이 좀 없고, 가진 게 모자라고, 내세울 것 없어도, 도처에 당신의 박수를 기다리는 사람들이 있는 한 당신의 가치는 그것만으로도 이미 정점에 놓인다. 만약에 당신이 받기만 하고 누리기만 하는 게 조금이라도 미안하다면 당신도 베풀 수 있고, 도울 수 있고, 줄 수 있는 자로 변화하면 그만이다.

불교에서는 바로 당신이 재물이 없더라도 일곱 가지 선행이 가능하다는 걸 가르친다. '얼굴에 화색을 띠우는 일, 말에 친절을 담는 일, 따뜻한 마음으로 남을 대하는 일, 눈으로 호감을 표시하는 일, 묻는 말에 소상히 가르치는 일, 자리를 남에게 양보하는 일, 잠자리를 정결하게 보살피는 일' 이른바 '무재칠시(無財七施)'다. 누구든지 마음 하나만으로 일곱 가지나 보시를 할 수 있으니 대단하다. 그뿐인가. 당신을 위해 새는 노래하고, 하늘은 푸르고, 해는 떠오르고, 산은 장엄한 자태로 당신을 부른다. 온 우주가 당신을 향해 손을 흔들어 환영의 인사를 건네고 있는 것을!

오! 참 좋은 세상, 바로 당신을 위한 세상이다.

시인에게 보내는 헌사

어느 문학 강좌, 강사로 선 시인이 고백했다.

"시를 쓴다는 것은 진흙으로 황금을 만들려는 것처럼 불가능을 향한 몸부림입니다." 겸손하게 서서 어눌하게 말하는 그의 첫마디는 비장해 보였다. "그런 의미에서 시인은 모조리 실패한 사람일 수밖에 없습니다. 성공했다고 여긴다면 그건 가짜라는 말이 됩니다."

순간 빛줄기 하나가 가슴을 가르며 지나갔다. 언어의 연금술사임을 자처하는 이 말이 시인의 현존을 눈부시게 했다. 엄청난 부정을 등에 진 그것은 구도의 목소리였다. 인간 사회에서 엄밀히 가짜 아닌 사람 있을까. 사람의 얼굴에서 페르소나를 걷어 내는 일은 피를 흘릴 수밖에 없는 자해(自害)의 작업이 아닌가. 가짜에 안주하여 작가라는 이름으로 이득을 챙긴다 해도 그들의 허세를 용납하기를! 탄생 자체가 오염일 수 있는 세상에서 순수를 찾는 일이 쉬울까. 순수란 죄를 건너서 당도한 정화의 경지일 것을. 가짜라는 의식의 항쟁은 시인이 연금술을 가동할 수 있는 질료(質料)가 될 것이다.

그들의 저 투명한 눈이 우주 또는 세상의 안과 밖을 섬세하게 더듬어 언어가 황금의 날개를 달 때 우리는 전율하여 엎드린다. 그들의 연금술이 승리하는 순간에 세상은 숨을 멈춘다. 어휘의 의미를 뚫고 훨훨 솟구치는 시의 광휘를 무엇으로 흉내 낼 수 있으랴. 말의 춤으로 세상의 눈과 귀를 붙드는 그 광기를, 말의 이합집산(離合集散)을 허락받은 그들의 오만을 사랑할 수밖에…….

시인이란, 그가 진정한 시인이라면
우주의 사업에 동참할 수 있어야 한다

그러나 내가 언제 나의 입김으로
더운 꽃 한 송이 피워낸 적 있는가
내가 언제 나의 눈물로
이슬 한 방울 지상에 내린 적 있는가
내가 언제 나의 손길로
광원(曠原)을 거쳐서 내게 달려온 고독한 바람의 잔등을
잠재운 적 있는가 쓰다듬은 적 있는가
— 이시영, 「내가 언제」, 『긴 노래, 짧은 시』(창비, 2009)

시인이라면 적어도 천지의 운행에 동참해야 한다는 저 광활한 발상 앞에 당신의 가슴은 고동치지 않는가. 이슬 한 방울 내리게도 못 하는 인간이지만 그들의 상념은 우주를 넘나든다. 혼이 마르는 치열한 성찰을 통해 비애를 삭히고 각혈하듯 쏟아 낸 시구 앞에 언제나 나는 무릎을 꿇는다.

'바람의 잔등'을 바라보는 시인이여, 연금술의 그 처설함이여!

어느 할머니의 일생

　힘들게 평생 모은 재산을 사회에 기부하는 사람을 종종 본다. 대기업에서 하는 희사보다 결코 적지 않은 액수도 놀랍거니와 그 사람의 배경이나 살아온 자취가 험난할 때 더욱 가슴이 뭉클해 온다. 오래전에 TV에서 한 할머니의 미담을 소개했었다. 십억의 재산을 대학 장학금으로 내어놓은 분이다. 대역으로 재구성한 그분의 라이프 스토리에 눈시울이 뜨거웠을 뿐 아니라 불평하며 살아온 자신이 부끄럽고도 민망했다.

　초등학교에선 언제나 우등생이었고 특히 수학을 잘했던 소녀는 그렇게도 가고 싶은 중학교에 진학하지 못하고 친구의 책을 빌려 가며 독학하려 애쓰지만 부모의 강요에 의한 억지 결혼을 하게 된다. 운명은 그녀에게 가혹했다. 불임으로 시댁의 눈총을 받게 되고 남자는 밖에서 다른 여자를 임신시켜 데리고 온다. 그녀는 하녀처럼 작은댁의 산바라지를 하지만 결국은 쫓겨나는 신세가 되었다. 막막한 절망감에 몇 번이고 죽음을 생각하면서도 그 충동을 이겨내려고 이 일 저 일 가리지 않고 억척같이 살아간다.

그러던 어느 날 아침, 아기 울음소리에 나가보니 대문 밖에 여아가 있었다. 하늘이 주신 선물이라 생각하고 애지중지 길렀다. 사는 보람을 느끼며 행복하다고 여길 무렵 또 한 번의 불행이 그녀를 엄습한다. 딸이 교통사고를 당해 장애아가 되고 말았다. 그러나 그녀는 강인했다. 불운을 딛고 일어서서 딸이 다니는 특수학교의 많은 장애아들을 돌보려는 의지로 기운을 차린다. 그들의 후원자가 되어 후원금을 내고 특히 책을 트럭으로 사 날랐다. 그 학교뿐 아니라 전국 각지의 특수학교마다 책을 사 보냈다. 그녀는 불행을 통해서 거듭 새로 일어서곤 했다.

아직도 서울 가락시장 한편에서 젓갈 장사를 하고 계시다는데 사는 집과 상점이 두어 정거장이라 날마다 걸어서 다니고 계셨다. 팔십을 눈앞에 둔 그분의 걸음걸이는 팔팔했다.

집에 오면 이제도 한자 공부를 하느라 엎드려 계신다는 할머니의 모습이 자꾸 나를 돌아보게 했다. 만일 그녀가 제대로 공부할 수 있었다면 틀림없이 뛰어난 학자가 되었을 성싶었다.

평생 모은 돈을 선뜻 내어놓은 것은 명예를 탐해서가 아니다, 자기처럼 불행한 여건의 젊은이를 돕기 위한 일념일 뿐. 못 배운 한을 그렇게 풀고자 했을 것이다.

역경을 디디고 일어서서 성공적인 인생을 살았다는 것은 자아를 확대하여 타인의 불행을 자신의 것으로 받아 안으려는 정신적 성숙이다. 그분이야말로 인간 승리자시다. 여생이 평안하시기를 진심으로 빈다.

영원을 사모하는 마음

"당신이 곁에 있어도 나는 당신이 그립다."

사랑하는 사람의 절절한 심정을 짚어낸 유시화 씨의 이 시구를 보며 채워지지 않는 목마름을 어찌 이리도 잘 표현해 냈을까 싶었다. 그러나 신중현의 노랫말처럼 "보고 보고 또 보아도 자꾸만 보고 싶은 미인"이라 해도 하루 종일 또는 한 달 내내 그녀만 쳐다보며 견딜 수는 없을 것이다.

한두 잔의 커피는 분위기 좋고 향 좋고 맛에 취해 행복할 수 있으나 열두어 잔의 커피를 내리 마시지 못하고, 아무리 좋은 음악이라도 몇 날 몇 달 같은 선율을 듣진 못할 터다. 입맛에 맞는 음식이라도 계속 먹기는 어렵다. 변치 말자 약속하며 영원하기를 바라는 사람들의 소망은, 우리가 얼마나 쉽게 싫증내고 쉽게 질리는 존재인가를 알기 때문에 부려 보는 억지일 듯하다. 지루함은 견디기 어려운데 영원을 동경하게 되는 이 아이러니……. 아무리 좋은 것이라도, 아무리 사랑하는 사람도, 어느 순간에 슬며시 감정의 변절이 온다는 걸 알기에 다짐하고 또 다짐하며 안타까운 결의를 보이는가.

자연은 언제나 생성과 해체와 소멸을 거듭하며 변하는데도 늘 한결같다. 바다는 쉼 없이 출렁거리고 파도는 높게 쳐 오르지만 언제나 바다이다. 현란한 변모의 뒤에서 변함없는 모습으로 존재하는 그것, 그 영원성을 붙잡고 싶은 인간의 갈애, 곁에 있어도 그리워 채워지지 않는 것, 변화무쌍한 표면이 아니라 불변의 심연에 닿고 싶은 욕망은 일회적 존재의 절망적 몸부림이다.

지는 꽃, 붉게 타는 노을, 어여쁘고 아름답고 장엄한 지상의 모든 파노라마여, 붙잡을 수 없는 그 영원은 어디에 있는가.

"一始無始一 析三極無盡本"
문득 『천부경』의 첫 문장이 떠오르자 퍼뜩 변화 자체가 영원성의 얼굴임을 보았다.

영혼은 어디에 있을까

도대체 영혼이란 무엇인가.

임종 직전의 환자의 몸무게와 사망 직후의 몸무게를 측정해서 대략 21g의 차이를 알아낸 미국과 스웨덴의 의사는 영혼의 무게가 21g이라고 발표했으니, 영혼도 물질일까 싶지만 눈에 보이지 않는다는 점에서 모호하다. 인간의 정신활동은 뇌가 관장하고 있다는 걸 과학은 세세히 밝혀 가고 있는 중이다. 뇌는 명징한 물질이지만 그 작용인 정신을 물질이라고 하기는 미심쩍다. 우리 뇌는 컴퓨터의 송수신 장치처럼 우주에서 보내는 지혜를 수신하고 우리의 뜻을 송신할 거라는 추정을 하는 분들이 있다. 죽고 나면 물질인 뇌는 쓸모없는 컴퓨터가 된다. 생명현상 속에 출몰하는 이 알 수 없는 신비가 궁금하다.

영혼이 무엇인지, 어떻게 생겼는지, 어디에 있는지 딱 부러지게 드러낼 수는 없지만 우리는 흐릿하게나마 영혼을 감지하며 산다. 누구나 사람을 만나면 그 사람의 지적 수준이나 인품이 어떤지를 느낀다. 얼굴에서 오는 첫인상은 물론, 눈빛과 음성, 표정만으로 그 사람의 전모를 읽는다. 영혼은 미세한 파장을 내보내서 서로가 서로를 살필 수 있게 하는 것일까.

해서 우리는 영혼의 실체를 모르면서도 그게 무얼 뜻하는지 어렴풋이 짐작할 수는 있다. 혼이 빠진 음식, 혼이 없는 사람. 자주 쓰이는 이 말들은 영혼이란 있어야 할 생명의 진수, 사람에게 있어야 할 진심, 삼라만상에 연계된 어떤 것임을 짐작케 한다.

어떤 순간에 어디선가 내게로 오는 힘을 느낄 때가 있다. 가슴 찢기는 슬픔이나 고통 중에 한 줄기 빛을 느낄 때가 있다. 어느 먼 곳에서 보내오는 위로의 음성이 있다. 나는 나를 보낸 영혼의 주인이 있음을 믿는다.

지상의 삶이 멈추는 순간 영혼만이 죽음 저편까지 건너갈 유일한 존재라면 어떻게 살아야 할지 답이 나온다.

영혼의 나이

　사월은 봄의 절정, 꽃들이 다투어 피어나고 있다. 올해는 꽃마다 그 색이 맑고 선명하다. 혹독한 냉기에 상처를 받았던 지난해의 꽃들이 아니라 저마다 최상의 빛으로 단장하여 아름다움이 빛을 뿜는다. 백목련의 순백이 눈 시리고 개나리꽃의 노랑이 황홀하다.

　벚꽃이 흐드러진 길을 걷다가 문득 "벚나무 가지를 쪼개어 봐도 그 속에 벚꽃은 없다"는 시구가 생각났다. 너무도 당연한 사실에 의문을 던진 놀라움, 물론 꽃은 쪼개진 가지 속에 없다. 자연이라고 부르는 우주가 개입하여 꽃의 발화가 일어났을 뿐이다.

　꽃은 물과 바람, 양분과 햇살과 시간이 서로 조우하여 만들어 내는 생명의 신비를 보여준다. 사람의 육체를 쪼개어 봐도 마음이 있는 곳을 찾을 수 없으니 인간에게 마음은 없다고 할 수 없듯이, 생명현상은 물체에 깃든 생기에 의한 조화이다. 그 생기가 영원성이 아닐까.

영혼엔 나이가 없다는 말을 들었다. 나이 먹는 게 기쁘게 느껴지던 일은 아마 이십대 초반까지였지 싶다. 세월이 줄달음으로 달아나서 어느새 노년에 이르렀다. 어린 시절엔 그리도 길던 하루가 눈 깜박하는 사이 날아간다. 시간 앞엔 장애물도 없다. 그러나 시간이 빠르고 덧없다고 푸념하면서도 세상엔 시간이 어서 가기를 원하는 사람이 수없이 많다. 아기가 빨리 자라기를 바라는 엄마, 회복을 염원하는 환자, 수확을 꿈꾸는 농부, 무엇보다 출소를 앞둔 수인, 앞날에 좋은 일을 예약해 놓은 사람으로 세상이 들썩거린다. 삶은 시간의 율동 속에서 추는 춤이다. 그 춤에 취해 출렁이며 살다가 어느 날 문득 한 생이 기우는 걸 깨닫고 화들짝 놀란다. 결코 기다린 적 없던 노년이 코앞에 당도해 있는 것이다. 노년을 사랑하고 기뻐할 사람이 대체 얼마나 될까.

살아 보니 가장 행복한 시절이 노년이라고 하면 공감할 수 없는 사람이 많을 터지만, 삶의 의무와 책임을 벗어난 자유로움은 괜찮은 축복이다. 고단한 생애 동안 나는 이만한 여유를 가진 적이 없었다. 욕망을 접고 매순간 따뜻한 시선으로 세상을 본다면 육체의 나이가 반드시 장애가 되지는 않을 듯하다. 오래도록 지탱해 준 몸의 기관들이 자주 탈이 나고 주름진 얼굴엔 청춘의 영광이 없더라도 살아낸 삶의 후광이 은은하다.

영혼엔 나이가 없다는 말은 신선한 충격이었다.

디팩 초프라는『죽음 이후의 삶』에서 정신은 두뇌를 송수신 장치로 삼아 움직이는 뇌세포의 미묘한 파장이라고 했다. 뇌는 컴퓨터가 외부의 서버에서 정보를 가져오듯 눈에 보이는 삶의 현상을 넘어 우주와의 교신에 의해 그 역할을 수행한다는 것이다. 우주 생물학에서는 별에서 방출된 분자들이 지구 생명체의 시작에 일정한 영향을 미쳤음을 알아냈다고 한다. 인간 몸의 기원이 별의 잔해에서 비롯되었다면 인간은 머나먼 별의 자녀라서 그 교신이 가능할 것 같다.

인류에게 공헌한 사람들의 일화 속에는 이 말을 뒷받침할 만한 사례가 많다. 아득한 고대로부터 예언자, 주술사, 인간의 이성으로 해석이 불가능한 천재성을 발휘했던 사람들이 있었다. 그들은 모두 초월적 체험이나 신의 계시를 증언한다. 그들의 영감(靈感)을 통한 업적이 인간 의식을 상승시켜 왔음을 인정하지 않을 수가 없다. 간혹 평범한 사람들도 생의 어느 지점, 절체절명의 순간에 무릎을 꿇어 초월의 힘에 기댄다.

육체가 해체된 후에도 겪어 낸 체험과 터득한 지혜를 고스란히 유지함으로써 진보를 거듭해 간다는 것은 죽음을 두려워할 이유가 없다는 엄청난 소식이다. 육체를 바꾸며 끝없이 향진하는 영혼, 거기 더하여 영혼은 지상에서 잠깐씩 맛본 희열이나 지복의 상태에 놓인다는데…….

　종교나 과학이 접근을 시도하고 있는 사후(死後)의 비의(秘意)가 커튼 한 자락을 열어 보인다. 소멸을 건너 순환 속에서 나이가 없는 영혼이라니, 가슴이 뜨거웠다. 열흘 남짓 피었다가 지는 꽃들도 잠시 그 모습을 감추지만 가지 속에 깃든 꽃의 잠재력은 더 풍성한 개화를 꿈꾸며 수많은 봄을 오고 또 온다.

오장육부의 감각적인 말

한동안 떠돌던 유머가 있었다.

아버지와 어린 아들이 목욕탕엘 갔는데 아버지가 먼저 열탕에 '풍덩' 하고서 "아아 시원하다!" 탄성을 지르며 좋아하자, 아들이 뒤따라 뛰어들었다. 뜨거웠다. "앗 뜨거! 믿을 놈이 하나도 없네."

우리는 뜨거운 해장국을 한 숟가락 떠 마시며 "어 시원하다"고 말한다. 뜨거운 것과 시원한 것은 양극단인 것을. 이 같은 표현이 가능한 민족적 정서가 유난스러운 것일까.

한국 사람은 내피(內皮)적 감각에 예민하다고 한 말이 생각난다. 한국인은 인체의 부위를 빗대어 감정과 감각을 표현해왔다. 간이 살살 녹고, 간이 썩고, 간에 안 차고, 애간장이 타고, 간이 콩알만 하고, 간덩이가 부었고, 쓸개가 빠졌고, 오장이 뒤집히고, 허파에 바람 들고, 똥줄이 당기고, 심장에 털 났고, 허리가 휘고, 등골이 빠지고, 얼굴에 철판 깔았다는 등, 이러한 말들의 의미를 모르는 사람이 없을 것이다.

장기나 신체 부위를 들어 상황을 표현하는 것은 리얼리티가 강하여 느낌이 증폭된다. 최근에는 의학 쪽에서도 인체가 정신의 모든 반응을 민감하게 겪어 내고 있다는 것을 밝혀 주고 있다. 선조들이 즐겨 써온 이 말들은 단지 비유가 아니라 과학적 실증을 거쳐 사실임을 입증하고 있는 것이다. 마음이 상하면 몸도 따라 다친다는 걸 누구나 체험한다. 스트레스라고 하는 정신적 파동이 질병의 대부분을 초래한다는 얘기다. 그 역으로 육체의 병을 정신의 힘으로 고쳐 놓는 사례도 접하고 있다.

'물질이 곧 파동'이라는 양자물리학의 개념, 물질을 아주 잘게 쪼개면 입자인데 동시에 파동으로 변하는 불가사의한 세계를 만나게 된다고 한다. 모든 물질이 마이크로 세계에서는 원자핵의 주위를 마냥 돌고 있는 양자의 파장으로 이루어졌다는 것이다. 더구나 그 파동은 일정한 듯 보이지만 앞뒤가 다르고 실험자에 따라 반응에 차이가 난단다. 기체나 액체가 유동하는 것은 쉽게 이해가 가지만 딱딱한 고체마저 내부에서는 양자가 춤추며 파동으로 흐른다니 믿기가 어렵다.

이 현상은 물리학 뿐 아니라 우주관과 인생관도 바꾸어 놓을 기미가 보인다. 분명한 물질인 우리의 육체가 정신이라는 에너지의 파동으로 몸의 한계를 넘나들고 있음을 확인해 주는 까닭이다. 만물이 진동한다는 옛 성현의 말은 추상이 아니라 이제 과학이다. 주파수가 다른 진동으로 우주가 가득하다는 것, 그 진동의 흐름이나 파장에 사람의 마음이 공명하고 감응할 터라 말하고 행동하는 모든 일상이 업이 되어 돌아온다는 종교적 성찰은 진실이 아닌가. 과학이 종교를 조우(遭遇)하는 세상이 되었다.

뜨거운 것과 차가운 느낌이 인식의 문제라면 살면서 겪는 고통을 기쁨으로 치환할 수도 있을 것 같다. 이 찌는 더위에 서늘한 냉기 한 줄기, 저 사유의 깊은 샘 속에서 뽑아 올리며 산다면 행복하리라. 그 신비에 다가설 수는 없을까. 불도 선선하다는 경지가 분명 어딘가에는 있다는데.

육체가 주는 기쁨

억겁의 시간 속에서 보면 삶은 찰나이다. 그러기에 더욱 육체를 입고 태어난 건 기적이다. 그 일이 진화라면 저 미세한 아메바에서 시작하여 우주를 섭렵하는 문명을 이룩한 존재가 되기까지 견뎌온 세월과 결과가 눈부시다. 인간의 탄생이 창조라면 세상을 주관하도록 하신 신의 의도가 어찌 은총이 아니랴.

"사람은 자신의 시체와 함께 살고 있다." 티베트의 승려 소걀 린포체의 글을 읽고 뒤통수를 치는 느낌을 받았다. '땅' 하는 순간이 지나자 웃음이 터졌다. 시체를 위하여 날마다 먹이고 씻기고 꾸미고 가꾸는 내 모습이 떠올라 웃지 않을 수가 없었다. 아무리 애지중지 하더라도, 육체는 호흡이 멈추면 시체일 뿐. 그의 통찰이 얼마나 명쾌한가.

X광선을 발견한 과학자가 길을 걷는 사람들이 모두 뼈다

귀로 보여 혼자 히죽거렸다는 일화가 떠올랐다. 시체들의 행진을 보며 그들의 외표가 참으로 희극적으로 보였을 것이다. 제아무리 잘난 사람도 X선 앞에선 영락없는 뼈다귀일 뿐이니까.

한마당의 홍소가 지나가자 숙연해졌다. 밥 먹고 새끼 키우느라 정신없이 보낸 세월 속에 시체가 되고 말 내 육신만을 중심하여 살아온 나날을 돌아보게 된 것이다.

허나 삶 자체가 육체를 통해서 이루어지고 있으니 어쩌랴. 산다는 건 육체를 돌보는 일이었다. 비로소 시체와 함께 사는 또 하나의 나를 생각했다. '나'라고 부르는 육체는 시체가 분명한데, 시체를 바라보는 또 하나의 나. 근원적 물음이 떠올랐지만 알 수가 없다.

우리는 수행으로 육체를 제어하는 힘을 얻은 사람을 우러러본다. 육체를 애지중지 살던 사람의 임종이 편하지 않다는 것도 안다. 버려지는 육체에 절망할 때 잘못 살아온 탄식도 본다. 그렇더라도 나는 육체를 사랑하지 않을 수 없다. 육체가 있기에 얻는 기쁨을 누군들 마다하리. 과즙이 차오른 열매를 한 입 깨물 때 오는 혀끝의 달콤함, 장미의 향기, 휘파람새의 노래, 삼라만상이 뿜어내는 색체와 형상, 육체가 있어 가능한 오감의 쾌락과 아름다움을 어쩌란 말인가. 도처에 고통과 좌절의 지뢰밭인 지구에 우리가 산다 해도 육체로 인하여 삶은 끝없는 열정을 뿜는다.

　「시티 오브 엔젤」이라는 영화를 보았다. 한 천사가 지상의 여인을 사랑하게 되면서 천사의 특권을 내어던지고 인간이 되기를 열망한다. 인간의 감각으로 여인을 사랑하려는 소원은 처절한 대가를 치르고 이루어져 드디어 육체가 주는 환희를 뜨겁게 체험하지만, 다음 날 그녀가 차에 치여 죽고 만다. 여자는 남자를 위해 성찬을 차리려고 아침 일찍 자전거에 올라 시장에 가던 길이었다. 사랑의 극점에 닿을 수 있었던 희열에 잠겨 모퉁이를 돌아서는 자동차의 소음을 감지하지 못한 것이다. 산들바람에 머릿결 흩날리며 황홀한 표정으로 페달을 밟던 그녀의 표정을 잊을 수가 없다. 쾌락은 너무도 짧고 허무했어도 그들의 사랑은 가슴을 파고들었다.

　영생을 버리고 인간이 된 천사, 그는 순간의 사랑이 준 기쁨으로 기나긴 비통을 견디어 낼 수 있을까? 아니면 또 다른 사랑을 시도할까?

　영화는 완벽한 천사의 삶보다는 속절없는 인간의 삶이 더 없이 소중하다고 말하고 있었다. 짧은 시간 피고 지는 지상의 꽃들이 찬란하듯이.

종교, 그 많은 길목에서

신앙의 선택은 지극히 개인적이지만 대체로 태어난 환경, 인습, 전통에서 영향을 받는다. 만일 내가 중동에서 태어났다면 이슬람 신도가 되었을 확률이 높다. 폐쇄성이 강한 나라일수록 신앙의 자유가 허용되지 않기 때문이다.

세상 종교를 다 어떻다고 평가하기는 어렵다. 어느 한 사람이 성취한 체험의 결과를 내 잣대로 잴 수 없기 때문이다. 적지 않은 사람들이 흔들리지 않는 내면의 고요와 평화, 기쁨, 활력, 우주와의 소통이라 표현하는 초월적 체험을 증언한다. 그 깨우침이 분명하기 때문에 자신의 길이 진리이며 유일한 구원이라는 신념을 가지고 전 생애를 바친다. 육신의 안락과 만족을 우선하여 살아가고 있다면 타인의 신앙을 폄훼할 수가 없다.

모든 종교의 최종 목표는 이타성(利他性)이다. 관용과 자비,

사랑과 헌신을 실천의 덕목으로 가르친다. 또한 신앙의 궁극적 지향점은 생로병사의 구속을 벗어나려는 처절한 소망이다. 타력이든 자력이든 문제가 되지 않는다. 더더욱 그 종교의 창시자가 어느 국가 어느 민족이라는 이유로 적대할 이유가 없다. 불교는 인도에서, 유교는 중국에서, 기독교는 이스라엘에서 유래했다는 사실이 중요할까? 세상의 모든 종교가 국경을 넘나든 지 이미 천 년이 넘는다. 자국의 조상이 우선이라는 시각은 그 애국심이 가상할 뿐, 편협한 시각일 밖에. 과학에 있어서 그 혜택을 타국인이라 하여 배척하지 않듯이, 의술이든 학문이든 예술이든 이미 지구촌의 일인 것이다.

이른바 우리 민족종교인 천도교나 대순진리교, 홍익인간을 통치 이념으로 했던 단군 사상도 그 추종자의 입장에선 국경을 넘어 세상에 널리 알리고자 할 터이다. 천부경 역시 인류를 구원하려는 원대한 뜻을 품는다. 세계 모든 사람이 그가르침에 순복한다 해도 아무 하자 없는 진리가 거기에 있다. 종교는 '인류의 구원'이라는 원대한 최종 목표를 향하여 열려 있어 국경이란 사실 의미가 없다. 문제는 종교의 도그마가 아니라 이 시대에서 그 이념을 따르는 사람들의 삶이다. 신앙은 진리를 어떻게 설파하는가의 문제라기보다는 그 진리에 얼마나 헌신하여 자신을 바꿔 가는가의 실현에 비중이 실린다. 진리에 순복한다는 것과 진리를 안다는 것은 다른 문제다. 오만한 눈을 뜨고 이 건 이래서 아니고, 저 건 저래서 틀리다는 논쟁은 무의미하다.

한 종교가 창시자에서 비롯하여 몇천 년의 긴 시간을 건너올 수 있었던 것은 그 가르침을 최상의 진리로 믿고 생명을 바친 순교자와 전도자, 그들을 따르는 신도가 끊이지 않았던 결과이다. 타종교의 박해나 혹은 정치적 박해를 겪지 않은 종교가 없었다. 내부적 갈등이나 개혁으로 정화의 세례를 거쳐 내기도 한다. 그 고비마다 얼마나 많은 희생이 따랐는가. 순교자로 추앙되는 사람 말고도 이름 없이 희생된 사람을 다 헤아리기 어려울 것이다.

신심이란 논리로 설명이 어려운 신비와 초월적 에너지의 흐름에 자신을 내맡기는 일이다. 여러 종교에서 어린아이의 순수를 치하하고 100%의 순종을 요청하는 것도 그런 맥락에서 이해될 수 있을 것이다.

신앙은 그 사람의 지적, 감정적, 인격적 수준과 맞물려서 도저히 이러저러해야만 옳다고 판정할 수 없는 영역이다. 적어도 한 생을 다 던져 헌신해 온 사람들을 모독하거나, 몇 권의 종교 서적을 읽고 저자의 사상에 공감한다 하여 섣부른 비판을 할 수는 없다.

가능하면 한 종교에 전심전력 정진하고 나서 그 체험을 바탕으로 입을 열어야 하겠지만 모든 종교를 다 수행하기에는 생이 너무 짧아 선택의 한계를 극복할 사람이 없어 보인다. 하여, 자신이 선택한 그 길에서 삶에 대한 혜안이 열리면 더 이상 다른 길을 기웃거릴 이유도 없을 것이다.

치유가 어려운 교만

　우리는 누구나 겸손함을 인생의 덕목으로 칭송하고 감동한다. 겸손한 사람 곁에서는 편안함과 따뜻함을 느끼는 까닭이다. '교만하게 살 거야', '교만한 사람이 좋아'라고 아무도 생각하지 않는다.

　허나 누구도 교만에서 자유롭지가 않다. 가진 자, 아는 자, 높은 자의 교만은 그렇다 해도 없는 자, 모르는 자, 낮은 자의 배짱과 교만도 만만치 않다. 이성과 감정, 지성과 정서가 균형을 이루어 내고서도 조용히 물러서서 겸허하기란 쉽지가 않다. 체면을 지키려는 가식, 끝도 없이 잘나 보이려는 교만은 우리들의 난치병이다. 교만은 자기에게 초점이 맞추어져 타인을 향한 연민이나 배려의 여유가 없어 사람들을 불쾌하게 하고 상처를 준다. 교만한 사람을 누구도 반기지 않기 때문에 소통이 끊기고 단절을 겪는다. 크고 강한 교만에서 겸손을 가장한 작은 교만까지.

하지만 타인의 교만은 너무도 잘 보이는데 자기 교만은 보이지 않는다는 것. 남의 교만은 견딜 수 없고 내 교만은 유통시키고 싶은, 이게 맹점이다. 누구나 남에게 인정받고자 하는 갈망을 버릴 수가 없다. 자기를 우위에 두기 위해 남을 밟는다. 그렇게 교만은 끝없는 불화의 진원지가 되어 암이 숙주를 죽음에 이르게 하듯 주인을 멸망으로 이끈다. 그렇게 자멸한 사람이 얼마인가. 인류사의 페이지마다 군왕을 비롯하여 수많은 사람이 교만으로 화를 불러 치욕의 기록을 남기고 갔다.

삶을 지탱해 주는 얼마의 사랑, 우정, 신뢰, 존경, 호감 같은 긍정적 교감이나 정서들은 교만을 조금씩 덜어내고 그 빈자리로 들어온 선물일 것이다.

타인은 나에게 방해꾼인가

이 질문에 대하여 그렇다고 대답할 사람이 적지 않으리라 본다. 거창한 예를 들 필요도 없이 사회생활을 하는 도처에서 우리는 타인의 방해를 받는다. 사람들로 붐비는 모든 장소에서 타인은 내게 걸림돌이 되고 언제나 귀찮은 존재다. 한정된 목표에 도달하려는 사람이 많으면 많을수록 필연적으로 타인은 적대적 위치에 놓인다. 경쟁사회라는 말은 서로가 서로에게 방해꾼으로 산다는 의미이기도 하다.

약육강식은 동물 세계의 생존 양식이지만 인간 삶에서도 포장이 조금 우아하달 뿐 별 차이가 없다. 먹이를 놓고 싸우는 일은 본성이라 치고, 배를 채우는 일 말고도 명성, 지위, 권력 따위를 얻으려는 치열한 싸움이 있다. 경쟁의 룰은 객관적 합의를 거쳐 공인되어 있으나 모범생은 적고 편법을 동원하여 목표를 이루려는 사람들로 북적인다. 세상이 늘 시끄러운 이유다. 비단 정치뿐인가. 사회 각 분야마다 남보다 앞서고 높이 오르려는 사람들로 꽉 차 있다. 모함, 술수, 폭력 등은 거기에 동원되는 경쟁의 수단이다. 서로 상대를 향해 비난의 화살을 쏘아 보낸다. 세상은 하루도 조용하지 않다.

두어 세기 전, 독일의 철학자가 사람은 서로가 서로에게 방해꾼이라고 했다. 인간 삶의 단면을 극명하게 짚었다고 생각하면서도 '과연 그렇기만 할까?'라는 의문을 품는다.

구약 성서에 등장하는 이스라엘의 첫 임금 사울은 비극을 자초한 왕으로 기록되어 있다. 팔레스타인의 공격을 받고 국운이 바람 앞에 등불처럼 위태로운 상황에서 다윗이라는 목동이 나타나 조약돌 몇 개로 거대한 적장 골리앗을 쓰러트려 승리를 얻었으나, 왕은 백성들이 다윗을 찬양하는 노랫소리를 듣자 질투에 이성을 잃고 다윗을 적대시한다. 기회만 있으면 다윗을 죽이려 시도했고 그 결과로 자신이 처참한 최후를 맞는다. 사울 왕은 우리가 누군가를 적으로 돌렸을 때 얼마나 값 비싼 대가를 지불해야 하는지를 웅변으로 설명하고 있다. 다윗을 자기의 분신처럼 아꼈다면 왕의 최후는 평화로웠을 것이다. 성서를 읽을 적마다 사울 왕에게 실로 연민의 마음을 금하기 어렵다.

지나간 역사에서 교훈을 깨닫는 후손들이 화합과 상생이라는 말로 금세기의 화두를 삼은 지도 오래되었다. 그러나 그

길은 아직 걸음마 단계일 뿐이다. 적대 관계가 아니더라도 상대를 이용물로 본다면 우리가 얻고자 하는 기쁨이나 행복이 오지 않는다는 걸 모르지 않을 텐데 우리 생각은 열리지가 않는다. 그 걸리적거리는 타인들이 없어지면 우리가 살아갈 수 없다는 것을 생각하지 않는다.

가난하던 시절 청춘의 열기로 한겨울 추위에도 겁 없이 야밤 데이트에 나섰다가 낯선 집 처마 밑에서 칼바람을 피하던 기억이 있다. 그때 그 모르는 사람의 집 처마는 철없던 두 사람에게 잠시 안식처가 되어 주었다.

공연장이나 강연 등 대중을 위한 행사를 할 때 단지 나 혼자라면 아마 그날의 일정은 취소될 것이다. 그곳에 모여드는 불특정 다수의 낯선 사람들은 모두가 모두에게 그 행사가 진행되도록 도와주는 호혜 관계로 연관된다. 타인이 결코 방해자가 아니라 돕는 자로서 존재하는 자리는 얼마든지 있다. 어느 날 승객이 나 혼자라면 비행기는 뜨지 않을 것이고, 환자가 단지 나뿐이면 병원은 문을 닫을 것이다.

한 생을 살며 직간접으로 얼마나 많은 이들의 도움을 받고 사는지를 의식하기란 매우 어려워 보인다. 우리는 너무 쉽게 타인에게 적의를 품고 방해자로서 대응하는 치명적인 실수를 저지른다.

평면의 힘

　물 위로 높이 잎줄기와 꽃 대궁을 밀어 올리는 연꽃과 달리 수련은 유난히도 수면에 기대어 잎을 펼치고 꽃을 피운다.

　수련 한 뿌리 작은 항아리에 심고 들여다보며 수련 잎이 물 위에 뜬 모습을 '평면의 힘'이라 표현한 말이 신선했다. 아마 시인은 수련 잎이 수면에 온몸을 맡긴 모습, 골똘히 들여다보며 언뜻 커다란 바퀴가 물 위를 굴러가는 환각을 보았을까.

　　작은 독에 더 작은 수련을 심고 며칠을 보냈네
　　얼음이 얼듯 수련은 누웠네

　　오오 내가 사랑하는 이 평면의 힘!

　　골똘히 들여다보니
　　커다란 바퀴가 물 위를 굴러가네
　　　　　　　－문태준, 「수련」, 『가재미』(문학과지성사, 2006)

'평면'이라는 어휘는 기하학 용어인 줄 알고 있었다. 지구 자체가 구형인 자연에 평면이라고 부를 만한 조건이 있는지 잘은 모르겠으나 작은 표면을 놓고 볼 때 평면으로 보이는 경우는 많다. 항아리 속의 물 표면쯤 평면이라 해서 무슨 탈이 날까.

저 시인의 도도한 관찰의 의미를 촌 노인 내가 알 바 없지만 세상은 평면만으로 이루어지진 않는다. 그러나 합일의 경지는 대체로 평면에 있다. 남자는 발굽소리도 용맹스럽게 달리지만 힘이 소진되고 나면 평면으로 엎드린다. 동물에게 필수적인 잠이나 쉼 역시 평면에 기대는 일이다. 평면이 받쳐주지 않는 삶을 상상할 수 없겠다. 지상의 삶이란 입체의 모습에서 평면으로 회귀하는 현상인 듯싶다. 지구가 둥글다 해도 모든 생명체는 그 구형의 작은 점, 평면 위를 파동 치다 사라진다.

'삶과 죽음의 기하학적인 의미는 평면과 입체로 대치될 수 있겠구나' 하는 생각이 왔다. 평면인 대지는 생명을 밀어 올려 입체를 만들고 다시 기진한 목숨을 받아들여 평면으로 회귀시킨다. 인간의 솜씨로 된 어떤 구조물도 평면 위에 세워지고, 아무리 높이 올려진 건물도 허물어지면 평면이 된다. 해서 평면의 힘에 감격해도 좋으리라. 하지만 평면만이라면 삶에 무슨 기쁨이 있으리. 평면 속에 감춰진 씨앗은 평면을 뚫고 나와 창공을 향해 팔 벌리듯 자라나서야 꽃을 피우고 열매를 익힌다. 땅으로 뻗어가는 어떤 줄기도 그 잎은 하늘을 향한다. 중력을 거슬러 치솟는 식물의 힘이 생명을 먹이고 환희를 불러온다.

"예술이란 에로스와 타나토스의 끝없는 탐색과 표출이다"라고 누군가 했던 말이 떠올랐다. 인류의 삶이 시작된 이래 '사랑'과 '죽음'만큼 인간의 관심을 사로잡은 화두가 있었을까. 예술 속에 드러나는 수많은 성의 이미지를 보며 에로스와 타나토스가 인간 초미의 관심사라는 느낌을 여러 번 받았다. 성과 죽음보다 더 심각하고 더 마음을 끄는 무엇이 있다면 아마 권력일까 싶지만 이 또한 성을 더 극렬하게 만들고 이름을 남겨 죽음을 초극하려는 노력일 것이다. 결국 성과 죽음은 평면으로 회귀하는 일이다.

내게 우주는 상상도 할 수 없는 인식 저 너머의 일이라 감히 말할 엄두 내지 못하고, 행성 중의 하나인 이 지구조차 섭렵할 힘이 없어 펼쳐 놓은 형상과 풍광을 다 만날 수 없었다. 이나마 뿌리 내린 지구 위 한 점 작디작은 평면에서조차 높이 솟구쳐 꽃잎을 펼치는 연꽃처럼 살지 못하고, 한 남자의 수면에 기댄 채 흔들리며 수련처럼 생을 겪는다.

때때로 내가 왜 눈물겨운지 이제야 알겠다. 하지만 어쩌

랴……. 나도 저 시인처럼 탄복하여 말해야 하리. "오오 내가
사랑해야 할 이 평면의 힘!"

플라톤의 위안

두바이 바닷가에서 뿜어져 나오는 분수는 장관이었다. 현장에서 그 장면을 보았다면 포말과 함께 분수의 에너지까지 대단했을 것이다.

분수는 '오를 수 있는 그 지점에서 언제나 승복하여 주저않는 물줄기'라고 어느 시인이 노래했다. 어떤 기기묘묘한 연출일지라도 한 순간 스치는 눈의 쾌락일 뿐, 치솟던 물보라는 공중의 어느 극점에서 꺾이어 떨어지고 만다. 오를 만큼 오른 성공적 삶도 언젠가는 꺾인다.

플라톤은 인생의 다섯 가지 행복을 이렇게 말했다.

"먹고 입고 살고 싶은 수준에서 조금 부족한 듯한 재산, 모든 사람이 칭찬하기에는 약간 부족한 용모, 스스로 자만하는 만큼에서 절반 정도의 명예, 세 사람과 겨루어서 한 사람을 이길 정도의 체력, 강연을 했을 때 청중 절반 정도의 박수를 받을 수 있는 말솜씨."

객관적 입장에서는 외모, 재산, 능력, 명예까지 완벽하게 갖춘 사람이 혹 있을 수 있더라도, 풍족하고 완벽한 채움에서가 아니라 부족하고 모자란 상태를 행복의 조건으로 내세우고 있는 철학자의 통찰에 미소가 떠올랐다.

사람은 욕망이 멈추지 않는 한 내면의 욕구 때문에 불행을 자초하며 사는 존재다. 근심, 불안, 걱정으로 팽팽히 긴장하여 어느 선까지 오르지만 필연적으로 꺾이어 주저앉고 만다. 조금씩 모자라더라도 그 부족을 안고 가라는 플라톤의 권유가 새삼 반가웠다. 허욕과 사치가 일상으로 자리 잡아 소비 지상주의에 함몰되어 가는 근심스러운 세상이기에…….

흙, 그 신비

　시골의 길섶에는 언제나 생명이 자란다. 가을 들어 풀들도 저마다 꽃을 피우고 열매를 매다느라 분주하다.

　모든 생명이 뿌리를 내리고 자라는 곳, 흙이라는 우리말은 내게 늘 신비였다. 모든 흙은 같은 색이 아니다. 흙이 함유하고 있는 성분에 따라 빛이 다르다. 흙 속에서 색색의 꽃이 피고 전혀 다른 맛의 열매가 열리고 온갖 모양의 나무가 자란다는 게 기적이구나 하는 생각이 들곤 했다. 어린 시절부터 그렇게 보아 왔기에 당연시하며 살지만, 전혀 다른 세상에서 처음으로 지구를 와본다면 흙이 빚어내는 형형색색의 파노라마에 넋을 잃을 듯하다. 수만 종의 미생물 온상인 흙은 유기물, 광물질이 뒤섞인 혼합물이다. 그 재료들을 아낌없이 다 쏟아서 식물을 키우고, 식물은 또 지상의 온갖 동물을 먹여 살린다. 흙이 빚어내는 경이적인 마술 앞에 어찌 감탄하지 않겠는

가. 생명의 원초적인 요람은 바로 흙인 것이다.

지상의 흙처럼 토양은 정신세계에서도 기적을 만든다. 인류의 문화, 예술, 종교, 학문에서도 토양이라는 말을 즐겨 쓰는데 무엇인가를 산출해 내는 바탕이 되는 여건을 일컫는 말이다. 이러한 정신의 토양은 다양한 삶의 부산물들을 퇴비처럼 발효시켜 의식을 고양시킨다. 폴란드의 아우슈비치 수용소 역시 인간이 얼마나 잔인할 수 있는지를, 집단의 횡포가 어디까지 이르는지를 처절하게 드러내고 있었지만 그 현장에서 오히려 참회는 서서히 인간애를 회복시키는 기회가 되고 있음을 감지했다.

만일에 인간이 타락하지 않고 에덴의 삶을 지속할 수 있었다면 그리스도는 탄생하지 않았을 것이다. 인류 문명의 개화기, 그리스에 궤변과 사이비 논리가 판을 치지 않았다면 소크라테스도 없었으리라. 위선과 억압을 헤치고 일어난 중세의 문예부흥, 서구의 르네상스를 생각해 본다. 한 시대의 타락이 거기서 헤어 나오려는 불꽃으로 타올라 정화의 꽃이 피고 열매가 맺힌다. 역경을 딛고 나와 인류의 길을 밝힌 모든 선각자들은 그들이 뿌리 내린 시대적 토양의 자양분을 뽑아 올릴 수 있었던 현자였다.

추락하는 삶을 다시 받쳐 끊임없이 상승하려는 의지는 어디서 나오는 것일까? 인간의 끝없는 탐구의 끝은 어디쯤에서 끝날까. 정신의 산물도 초목의 꽃이나 열매처럼 인간에게 유익하기만 한가. 생성의 힘은 토양의 본성인지 아니면 그 힘을 관장하는 이가 따로 존재하시는지……. 알 수가 없다.

오늘도 길섶에는 깊어 가는 가을 햇살 한 자락에 팔 벌려 환호하는 들꽃의 무리가 있다. 사시사철 변함없이 연출하는 흙의 마술 앞에 서면 늘 가슴이 뛴다.

공옥자 선배의 글을 읽으면서

– 현길언(소설가,『본질과 현상』발행인) –

60년 전으로 올라간다. 고교 시절에 나는 공옥자 선배를 제주영락교회 고등부에서 만났다. 그는 1년 선배로 시내 여자고등학교에서 뛰어난 재원이었다. 공부도 잘하고 웅변도 잘하고 문학에도 뛰어났다. 당시 학생자치기구인 학생회 전교 회장이었다. 그뿐만 아니라, 교회 고등부 학생 활동도 매우 열정적이었다고 기억한다.

그 선배의 집은 동산 위에 있는 교회에서 내려와 시장 초입에 있었는데, 큰 대문이 있는 부잣집이었다. 자취를 하면서이 집 저 집 떠돌이 생활을 하던 나에게는 그러한 집에 사는그 선배가 여간 부러울 수 없었다. 그런데, 공부 잘하는 부잣집 막내딸이 고교를 졸업한 뒤에 고향에서 대학을 다니다가그만두었다. 이해할 수 없는 일이었다. 나중에 알았지만, 여자는 대학을 갈 필요가 없다는 완고하신 부모님의 고집에 효녀의 길을 택했던 것이다.

사범학교를 나와 초등학교에서 교편을 잡던 나는 군 복무를 마치고 제주 시내 한 초등학교에 복직을 했는데, 그때에 일 년 선배이면서 교회 생활을 같이 하며 가깝게 지내던 이(李) 선배와 같이 근무하게 되었다. 어느 날 그 선배가 그 유명한 공옥자 선배와 약혼한 사이라는 것을 알았다. 남녀 관계에 대해서 무식한 나는 그들의 사정도 모르고 이 선배가 여자를 끌어들이는 수완이 대단하다고 감탄했다. 이 선배는 시골 출신으로서 공부 잘하고 열심히 교회 다니는 것 외에는 별 매력이 없는 청년이었다.

그 후 이 선배와 나는 비슷한 시기에 사표를 내고 서울로 올라와 대학원을 다녔다. 방학이 되어 고향에 내려가면 결혼한 이 선배 집에서 밥을 얻어먹으면서, 평범한 주부로서 남편의 공부 뒷바라지에 열심인 공 선배를 보면서, '참 이 똑똑하고 영리한 여자에게 또 다른 면이 있구나' 하고 생각했다.

대학원을 나와 나는 고등학교 교사로, 이 선배는 제주대학에 자리를 잡았고, 공 선배도 귀엽고 똑똑한 자녀들은 낳아 키우면서 사회 활동도 했다. 나와 이 선배는 제주대학에서 다시 만났고, 그 후로 내가 서울로 일자리를 옮긴 후에 우리는 그저 안부를 주고받는 사이가 되었다.

세월이 빠르게 흘러 이제 할아버지, 할머니 나이가 된 어느 날, 공 선배가 '수필가'가 되었다는 소식을 들었다. 그러나 별로 축하해 줄 마음이 나지 않았고, 오히려 기분이 씁쓸했다. 우리 사회에는 수필가가 너무 많고 그들이 쓰는 글들도 그저 그러한 수준인데, 어떻게 공 선배까지 수필가가 되겠다는 생각을 하게 되었는지, 아쉬움이 컸다. 그것은 선배의 그 순수도 나이가 들면 세속화되기 마련이구나 생각되었기 때문이다.

나는 공 선배의 재주와 공부에 대한 그 열정과 인생과 세상을 매우 진지하고 정직하게 들여다보면서 살아간다는 것을 알고 있는 터라, '수필가'라는 이름표를 달고 다니는 그 모습이 너무도 어울리지 않게 생각되었다. 그런데 어느 날 우연히 그의 글을 읽고는 나는 고개를 흔들었다. 내 생각이 너무 편견에 사로잡혀 있었다는 것을 알았다. 오히려 그의 글을 읽으면서, 전문적으로 글 쓰는 사람이 외면하기 쉬운 세계와 인생을 바라보는 눈길이 예사롭지 않음에 놀랐다.

이제 그동안에 써두었던 수필을 모아 책을 만든다니 앞장서 책 만드는 일을 거들기로 했다. 그동안 내 길에만 마음 두고 주변 분들에 무심했던 내 처신이 미안했기 때문이다. 어머니로, 아내로 살아가면서도 본격적으로 문학 공부를 할 수 있는 기회가 주어졌다면 좋은 글을 쓸 수 있었을 텐데 하는 아쉬움도 있었다.

그의 글은 우선 생각과 마음을 전하는 데 필요한 문장이 매우 단정하게 자리를 잡고 있다. 쓰려는 문제와 생각이 분명하기 때문이다. 더구나 사람과 세상에 대한 관심이 매우 넓고 깊다는 것도 그의 글의 특징이다. 이 점은 매사에 자신의 인생을 사랑하며 진지하게 살았기 때문이다. 글의 맛은 그 사람의 삶의 진정성에서 우러나온다. 세상과 자아에 대한 관심이 진실하지 않는다면, 자기와 타인의 생활이나 세계 현상에 대해서 새롭게 인식할 수 없다. 자발적인 생각들이 섬세하게 드러난다는 것은 기교의 문제가 아니라, 삶의 태도의 문제이다. 공 선배의 글들은 우선 그 소재 처리가 다양하다. 그가 겪었던 생활 현장에서 어느 것 하나도 무심히 지나쳐 버리지 않았고, 남들처럼 편하게 생각하고 대응하지 않았음을 말해 준다. 그래서 '범속하다'는 일상성의 함정에 빠져들지 않고 있다.

이러한 글들을 읽으면 우선 저자의 섬세한 마음의 결들을 만날 수 있었다. 그것은 그 어떤 철학적 담론으로 설명할 수 없는 인생의 깊이가 우러나오기 때문이다. 그래서 그의 글을 읽으면 편안하면서 편안하지 않다. 불쑥불쑥 튀어나오는, 우리 곁에 늘 있었으면서도 지나쳐 버렸던 그 영상들이 떠오르기 때문이다.

글을 쓴다는 것은 자신으로부터의 탈출이면서 동시에 자신을 지키려는 역설적인 고통의 몸부림이다. 나의 삶은 아름답고 소중한 것이다. 그러나 들여다보면 너무 추하고 낡아 너덜너덜 진저리가 난다. 그래도 '나의 것이어서 누구의 화려한 것'으로도 바꿀 수 없기에 보듬어 안을 수밖에 없다. 자신에 대한 절망을 넘어서만 세상을 향해 자연스럽게 말할 수 있다. 그것은 자기를 숨기려는 기만적 자랑도 아니고, 허울 좋은 이념이나 가치와는 거리가 먼 절망을 넘어선 언어이다. 이러한 글은 '사람과 세상을 사랑한다'는 철학적 담론의 바탕이 된다. 나를 소중하게 생각하지 않고, 어떻게 세상과 사람들을 이해할 수 있겠는가. 이것은 문학하는 사람이 기본이다. 이 바탕에서만 글이 샘물처럼 솟아나는 것이다. 특히 다른 장르와는 달리 에세이는 그렇다.

공 선배의 글을 읽으면서, 아름다운 글은 직업적인 글쟁이에게서보다는 그것을 외면하며 살아가는 일상인이 쓸 수 있음을 깨닫게 되었다. 60년 전으로 돌아가서 공 선배와 같이 다니던 그 교회당을 기억할 수 있게 해준 글들이 참 고맙다. 비록 나이는 먹었으나 삶의 열정은 십 대의 순수로 돌아간다면, 늙음은 다시없는 축복이고, 젊은이가 쓸 수 없는 새로운 글의 샘을 찾게 될 것이라는 기대를 가져 본다.

영혼의 나이

초판 1쇄 인쇄   2016년 11월 25일
초판 1쇄 발행   2016년 11월 30일

지은이 | 공옥자
펴낸이 | 지현구
펴낸곳 | 태학사
등   록 | 제406-2006-00008호
주   소 | 경기도 파주시 광인사길 223
전   화 | (031)955-7580~1 (마케팅부) · 955-7587 (편집부)
전   송 | (031)955-0910
전자우편 | thaehak4@chol.com
홈페이지 | www.thaehaksa.com

값은 뒤표지에 있습니다.

ISBN 978-89-5966-783-3   03040

* 이 책은 제주문화예술재단의 지원을 받아 발간되었습니다.